只想和你过好这一生

李梦芸——著

黑龙江教育出版社

图书在版编目（CIP）数据

只想和你过好这一生 / 李梦芸著. -- 哈尔滨：黑龙江教育出版社, 2017.8

（读美文库）

ISBN 978-7-5316-9587-5

Ⅰ. ①只… Ⅱ. ①李… Ⅲ. ①婚姻－通俗读物②恋爱－通俗读物 Ⅳ. ①C913.1-49

中国版本图书馆CIP数据核字（2017）第225745号

只想和你过好这一生

Zhixiang Heni Guohao Zheyisheng

李梦芸 **著**

责任编辑 高 璐 常 畅
装帧设计 MM末末美书
责任校对 钟兆江
出版发行 黑龙江教育出版社
（哈尔滨市南岗区花园街158号）
印　　刷 保定市西城胶印有限公司
开　　本 880毫米×1230毫米 1/32
印　　张 7
字　　数 140千
版　　次 2018年2月第1版
印　　次 2018年2月第1次印刷

书　　号 ISBN 978-7-5316-9587-5　　**定　　价** 26.80元

黑龙江教育出版社网址：www.hljep.com.cn
如需订购图书，请与我社发行中心联系。联系电话：0451-82533097　82534665
如有印装质量问题，影响阅读，请与我公司联系调换。联系电话：010-64926437
如发现盗版图书，请向我社举报。举报电话：0451-82533087

前言 preface

韩剧盛行的时候，觉得里面有许多经典台词耐人寻味。韩剧《澡堂老板家的男人们》中有个场景，我印象深刻。剧中的妈妈因为女儿将要嫁人哭得厉害，她说她明知道女儿嫁人就是跳入火坑，可她还是要推她一把！看着剧中的妈妈声泪俱下，我也吓得够呛。

那时我已经结婚，惊吓之后赫然发觉自己已经身在火坑，痛定思痛之后又仔细想想，婚姻这个火坑其实也没那么可怕。也许当初编剧是为了收视率才写出这样惊悚的台词，那些未婚姑娘们如果看到这句台词，也不知有几人会因此醍醐灌顶，从此对婚姻望而却步。

比起婚姻是火坑的说法，我更支持婚姻围城论，大概是我们安于现状，又或许我们对生活变得麻木，生孩子做家务对我们来说不是负担，更多的是一件必须进行的事情，就像你饿了要吃饭、困了要睡觉一样，没有过多地进行延伸，也没有刻意地进行深度考量。

围城外面的你们千万不要因此觉得婚姻有多可怕，换一个角度去想，你会有不同的感受。单身时，你会把空闲的时光用在边晒太阳边喝咖啡上，婚后你会自然而然地改变生活方式，变得更宅更静更愿意跟对方在一起。洗净铅华素手做羹，不正说明你是深爱对方，才会把以前想都不敢想的变化演绎成现实，并且欣然接受、享受，最后将其视为你生活的一部分。

这样想，会不会觉得更浪漫呢？换而言之，婚姻是不是火坑，就看你怎么跳。

我的朋友悲情女士，在经历了一场轰轰烈烈的爱情之后，如愿嫁给她的老公，从此过上了她以为的幸福生活。婚姻这座城，在外人看来是华丽的，其中冷暖，只有自己知道。就像《澡堂老板家的男人们》里的妈妈哭诉的那样，每一件事悲情女士都遭遇过。苦熬三年，她终于离婚。第二年，前夫再娶，却跟变了一个人似的，变得循规蹈矩，化身成二十四孝老公，令朋友刮目相看。

悲情女士终于没忍住痛哭起来，她说她这么爱他，为了他付出了一切，做最好的妻子，可为什么他不能变成最好的老公来与她相处。

这个问题，不管是在围城内还是在火坑似的婚姻里都得不到解释。迷信地说他们是八字不合，再洋气点儿的说法就是星座不符，同一个男人，对悲情女士来说是火坑，对另一个女人来说却是温暖的城。

这又印证了老人家最爱说的那句话：婚前要睁大眼睛找，婚后要闭着眼睛过。这话有种与命运抗争之后最终屈服的感觉，但在现实面前，它又有着无法辩驳的依据。相信我，睁眼跳绝对比闭眼跳要更为精准。

婚姻是不是火坑，就要看你是不是在天时地利人和之时跳下去。它也许是迷宫，出口会在瞬间关闭，让你从此找不到出路。它也可能是弹簧床，在你跳下去的那一刻温柔地将你弹起，让你腾云驾雾，飘飘然。

迷茫姑娘和新晋妈妈是同龄人，迷茫姑娘一直在纠结到底要不要结婚，而新晋妈妈已经是半岁男孩的母亲。迷茫姑娘总是追问新晋妈妈，结婚幸福吗？后不后悔结婚？她要不要奋不顾身地加入已婚人士这个队伍中去？

新晋妈妈沉默十秒，幽幽说道：只有结过婚的人才有资格说后悔。迷茫姑娘更加迷茫，说我总不能为了知道后不后悔而结婚吧！我神奇地在背后补了一枪：不结婚连后悔的机会都没有。

婚姻是不是火坑，站在边上是看不清楚的，就算是火坑，也不一定会将人焚烧。你可以把它当成烧烤架，做出香气四溢的美食，你也可以把它当成暖炉，在寒冷冬日温暖家人。

婚姻是不是火坑，是什么样的火坑，最终还是取决于你和你的爱人。幸福的家庭需要两个人的努力，走进去了，就努力让它变得美满，就是跳入火坑，也要让坑底充满鲜花。

携手努力，只为和你过好这一生！

目录
contents

第 1 课　因为懂得，所以慈悲

第 2 课　我们的幸福，别毁在坏脾气上

第 3 课　不完美，才美

第 4 课　好婚姻，都是设计出来的

第 5 课　爱不是占有，也不是被占有

第 8 课　爱是生命，但是关系有四季

第1课
因为懂得，所以慈悲

主题：沟通

从阴雨走到艳阳，我路过泥泞、路过风。一路走来，你若懂我，该有多好。

——莫言

婚姻是一场长久的谈话，是双方永无止境地相互倾诉心声。沟通是人们的精神需求和心理需要，也是夫妻感情的润滑剂，能够宣泄情绪、化解分歧、消除代沟、拉近情感。

1.男人沟通靠“说”，女人沟通靠“感受”

男人和女人是不同的，男人要先沟通，才会有好的感觉；而女人要先有好的感觉，才愿意沟通。

在男女相处过程中，绝大多数的男人都认为，有不满就要说出来，对方才能知道，不必猜来猜去；如果不把不满说出来，对方便无从改善，所以表达不满是为了点醒对方、解决问题，是一种善意沟通的桥梁。

很多女人呢，不习惯用言语来表达情绪，为了不破坏感觉与关系，多半会先采取容忍的态度。她们认为，如果男人真的在乎，就不会一点都察觉不出自己的不满情绪。

爱人之间沟通的最大障碍在于沟通方式不同，又不肯屈就对方的方式，结果是渐渐消磨了沟通的意愿。

男人常把女人的抱怨当“故障报修”来排除，女人则常把男人的抱怨当“移情别恋”来象征。

男人总把女人的抱怨当作是对自己缺点的不满，以为只要将这些缺点改掉，就可以解决问题，关系就可不受影响。女人常把男人的抱怨当作是“不再爱我”的象征，然后便开始怀疑自己是否“魅力不再”，或者怀疑对方是否有了新欢。难怪有许多女人相信只要抓住男人的胃就可抓住男人，整容或是花上数十万元去美容中心，以挽回男人的注意。

男人的无知在于以为行为的改正可以挽回女人受创的心，其实抚平伤口最有效的方法是创造一个甜蜜的感动，而不是发誓“下不为例”。女人的天真在于以为改变自己的外表，就可以让男人不去摘野花，其实有时男人的喜新厌旧不是真想另起炉灶，而是想证明自己还有人要……

想和爱人过好这一生，就要做好“沟通”这门“功课”，将两个人的声音、耳朵和心思调在同一频道，成为彼此最“懂”的人。相互懂得，该有多好!

2.良好的沟通是通向幸福的桥梁

丈夫在工作中遇到一些挫折，希望回到家里能够倾诉一番；老婆劳累了一天，也希望在丈夫面前摆个功，如果能够及时沟通，夫妻之间的感情自然会越来越近，越来越深。

然而，也有不少夫妻平时各忙各的工作，或者一方特别忙，导致双方的沟通时间越来越少，打个电话也是三言两语，日子一久，彼此之间就提不起说话的兴趣，共同话题也逐渐减少。于是，曾经无话不谈、亲密无间的夫妻变得越来越“沉默”，越来越疏远，而一旦夫妻之间出现芥蒂时，也经常能听到“有什么好说的”之类的埋怨，这正是缺乏沟通所致。

萌萌和丈夫都有着强烈的事业心，正因如此，两人才会彼此倾慕并最终走到了一起。婚后，两人的日子过得挺美满。

后来他们有了孩子，丈夫在单位也忙起来，经常是顶着星星走，踏着月光回。萌萌需要把孩子送到外婆家，下班再把孩子接回来，也是天不亮就走天黑了才回到家。回到家后，两人又要买菜做饭洗涮。等一切收拾好，早已精疲力竭了，连话都懒得多说。常是他要求她“温柔”，她就抱怨；她希望他“体贴”，他却发火说：“我在外拼命挣钱还不都是为了你们娘儿俩？回家来当然应该让我休息放松看看电视。”三句话不投机，要么引发一场争吵，弄得鸡飞狗跳孩子叫，要么冷着脸好几天互不理睬，心情压抑烦躁，日子久了，大大影响了夫妻感情。

好在夫妻俩很快意识到了他们之间潜伏的危机，于是便约定：将每个月的最后一个星期六定为固定“沟通日”。届时坚决把所有杂事抛到一边，把孩子寄送到外婆家，而后夫妻俩就骑车来到恋爱时常来的公园边，或者沟通交谈家事，安排下个月生活，或者毫不遮掩地数落批评对方，或者脸红脖子粗地痛痛快快吵上一架（反正在这儿吵架邻居同事听不见），吵完之后彼此都感觉轻松，如同夏天暴风雨之后的天空特别纯净美丽一样，接着说不定两人还会像过去热恋时那样躲到树丛后面悄悄亲热一番。几个月后，通过每月一次透彻沟通之后，心中不满情绪得到定期释放发泄，夫妻俩平时反而不争吵了，家务活分着干，疼孩子敬老人，和和美美的，让人好不羡慕！

的确，走进婚姻生活以后，一方面，夫妻双方忙工作、忙家庭，沟通的工夫就慢慢荒废了，彼此间的话越来越少了。有人可能会说，现在的人都很忙，哪有时间卿卿我我？但从另一方面讲，正由于太忙太累，夫妻之间才更需要多多沟通。一来在平和的气氛中，夫妻俩缓缓道来，细细说去，有利于调节神经，消除疲劳；二来即便夫妻俩有了裂缝或分歧，如能坐下来好好聊聊，总比各自在心底抱怨“其实你不懂我的心”要好得多。

当然，夫妻之间的沟通不是一件简单的事情，也需要掌握一定的技巧，有一点，就是有话好好说。沟通要心平气和地进行，而不是义愤填膺地指责对方的不是，要知道任何事情，都是可以心平气和地解决的。

3.亲爱的，有话好好说

世间最温暖的莫过于贴心之话，世间最冰冷的莫过于伤人之言。

阿波是一家广告公司的创意文案，每天的工作压力非常大。即便下了班，他的脑子也会不停地想那些没有敲定的方案。妻子不太理解阿波的工作性质，她满脑子想的是："我每天这么辛苦，你却一句安慰的话都没有。"看到阿波苦思冥想的样子，她总是说："你累得倒挺像一个成功人士，赚得还不如快递员多。"

她心里嫌弃阿波没有给自己足够的关心，可话说出来，完全不是想要表达的意思。阿波听了这样的话，自然很恼火。渐渐地，阿波宁愿在办公室加班，也不想回家。妻子打电话给阿波，言语里没有任何关心的成分，有的只是质问和指责，说他心里没有家，不负责任。这样的吵吵闹闹，弄得阿波疲惫不堪，向妻子提出分居。他不忍直接说离婚，因为他心里对妻子还有爱，只是他真的不知道，这段婚姻路该用什么样的方式继续走下去？

夫妻之间的一句话，可能引起争吵，也可能促成和好；可能会是锥心刺痛，也可能是满心欢喜。

阿波为事业辛苦忙碌，妻子没说过一句鼓励和支持的话，反倒是指责他、挑剔他，相信任凭是谁，也受不了爱人这样的冷嘲热讽。一段婚姻走到了分居的地步，完全就是因为"话不投机"。

经营婚姻不是一件容易的事，与爱人沟通、提建议也要讲方法。就拿阿波的问题来讲，用温柔的语调告诉他："看你这么辛苦，我真担心你把身体熬坏了。虽然我知道你是个上进要强的人，可我更喜欢有一个健康、每天笑呵呵的丈夫。”这番话听起来肯定要比“你不如快递员赚得多”舒服得多。更重要的是，这种平和而有力量的支持，也会给他的工作注入激情，让生活充满信心和希望。

艾米结婚快十年了，有个可爱的女儿，物质生活上也挺富足，唯一让她苦恼的是，丈夫总是忙于工作，有时连续几天住在公司，电话也不打一个。艾米多次提醒丈夫，多给家里打打电话，可丈夫老是拿没时间作为理由。

一天晚上，艾米吃过晚饭后带着孩子去小区附近的健身场玩，故意没给丈夫留晚饭，还把手机丢在家里。等到她回家时，看见丈夫的公文包在沙发上，人却没在。过了一会儿，丈夫回来了，气急败坏地冲着艾米喊：“你去哪儿了？电话也打不通。我以为你们出什么事了。”

艾米心里很得意，却装作很不在意，答道：“你也知道着急啊？你经常不接电话，让我找不到。我难道就不担心吗？”丈夫听后，一句话也没说。见此情形，艾米又缓和了语气，说：“我知道，你事业心重，这一点我也挺欣赏你的。可你再拼，也要处理好事业和家庭的关系。工作之余，你能多陪陪我跟孩子，我们的生活会更好，我也会把‘贤内助’做得更好。”

那次谈话以后，丈夫确实改变了许多。

艾米故意设计了一个“局”，没有大发雷霆地吵闹，却让丈夫体会到了自己平日里的感受，改善了夫妻间的关系。很多时候，试着改变一下说话的方式，变换一个字眼儿，就能让表达的意思迥然不同。

美国西雅图戈特曼研究院创建者、《婚姻美满的7条准则》一书的作者、哲学博士约翰·戈特曼认为：轻蔑会加快婚姻的崩溃。感情不和的夫妻之间，最明显的征兆之一就是，不管一方说什么，另一方总是不屑一顾，或是面带挖苦地说：“就知道你会这么说。”虽然没有直接责难，却等于在用另一种方式说对方愚蠢。所以，这样的话坚决不能说。你可以试着，语气真诚一些，考虑对方的感受，然后表明你希望他或她怎么做，以此来解决问题。

对爱人有什么不满的地方，别列出一大堆抱怨和委屈的清单，要强调他或她的行为带给你的感受，而且一次沟通只谈一个问题，比如：“我想跟你说，你每天下班只顾着打游戏，我觉得挺难受的。”

这样说来，势必比“我真受不了你了”要好得多。另外，说话时不要用“总是”或者“从不”这样的字眼儿，要知道这些字眼儿出现时，对方是不可能和你进行正常交流的，因为它表示着全盘否定，意味着责任全在对方，与你没有任何关系。

最后一点，别吝啬对爱人的肯定和感激，这会让他或她乐意继续坚持下去。幸福的伴侣，深谙彼此欣赏的重要性，他们会经常互相赞美，哪怕是细枝末节的地方，也不忘说声谢谢。伴侣相处时，把爱、尊重、理解、包容时刻融在话语中，几乎所有问题都能够得以回避和改善，这样一来，彼此的关系也能日趋和谐。

4.有来有往，才是交流

许多女人不明白，恋爱时，为博美人一笑，男人的话多得如滔滔江水，而到了结婚后，回到家里，你想找他聊天，他说累了；你和他说点家里的事，他敷衍地嗯嗯啊啊；甚至你冲着他大吼，他也依然我行我素——这滚滚江水咋就干涸了呢？早就有一首歌曲叫《沉默是金》，男人关上了嘴巴的门，这时女人就要开启一扇心灵对话的窗。

交流永远是要双方互动的，如果只有一个人说话，永远都算不上是交流，更谈不上是有意义的交流。所以，有效地互动，你一言我一语才是交流成功的前提。女人，如果想在交流沟通的过程中与老公实现有效的互动，需要懂得用各种不同的方式，方能打开他的话匣子。

如果既要让老公开口，又想自己掌握和控制谈话，那么你就要学会提问。有效地提问可以促进交谈，使夫妻间的表达更加顺畅。一个得体恰当的提问往往能引起老公积极的回应和愉悦的情绪。不过，别小看了提问，我们当中很多人其实并不懂得如何开启话题。

陈香生了孩子后就做了全职太太，一心一意在家里相夫教子。每天老公下班回来，为了表示对老公的关心，她都会关切地问一句："今天怎么样啊？"

老公会冷淡地回应一句："还行。"

接下来，两个人似乎都失去了表达的欲望。

这样的问题太宽泛了，老公似乎只能回答简单的两个字或一句话，两个人没有形成有效的互动。而且，"今天怎么样"这样的问题听上去就像是随口问问，不是真的想了解什么情况，所以回答也往往是敷衍，让老公每天都要回答这样的问题，他一定会感到厌烦。

如果陈香换个方式来做，效果就会好很多。

陈香可以读读报纸，看看新闻，然后在老公休息的时候就他比较熟悉的话题提出一些具体和开放式的问题。采取这个方案之后，陈香果然不再向老公提出诸如"怎么样"之类的问题，而是和老公谈起了自己小时候爱吃的零食，而这些零食现在已经销声匿迹了。

陈香的回忆也勾起了老公的无限怀念，两个人你一言我一语地谈了很久，都非常开心。

最后，老公还轻轻吻了陈香一下，跟她说："老婆，你今天真迷人！”

还有一个例子：

何洁为了跟老公庆祝第一个结婚纪念日，想表现得有主见，所以当老公想去餐馆吃饭时，她马上提议：“我觉得去那家韩国料理就挺好的，是吧？”

“……好吧。”

何洁提出的是一个典型的带有引导性的问题，对方似乎只能同意她，而不是跟她商量。这样的例子还有：“每天晚上看两个小时电视就够了，你说呢？”“已经很晚了，你就不要出去了。怎么样？”

假如何洁意识到自己的控制欲，她可以这样改正：

“我喜欢吃烧烤，你喜欢吃涮肉，要不我们这次先听你的？下次再听我的？”

老公闻此，肯定会高兴地赶紧说：“不用啦。这次就满足你的愿望吧。”

这些例子生动地告诉我们，交流要掌握分寸和技巧，不合时宜的提问会引起对方的厌烦；不合适的问题也会招致爱人心底的抵触，甚至反感。会说话的人就像是一个会打乒乓球的人，一定要把球打出去还要让对方接得到，这样一来一往，才能够算得上是真正的交流。

5.倾听是一种深沉的爱

杰利密·泰勒说过：“倾听是女人的魅力之一。微笑着倾听丈夫烦恼的女人，远胜过空有一张漂亮脸蛋却喋喋不休的女人。”

在一段稳定的长期关系中，高情商的伴侣总是善于通过倾听来体会爱人的苦衷，分担爱人的烦恼，为爱人争忧解难，给爱人以信心和力量。

可以说，作为伴侣，最为自豪的不仅是能够与爱人分享成功的喜悦，同时也包括倾听爱人的烦恼与困难。对很多人来说，他们愿意与大家分享成功，却只会向极少数人倾吐烦恼。而那些能够听他们烦恼的人，也正是他们最为信任和亲密的伴侣。

杰克先生匆匆忙忙地回到家里，顾不上喘气，兴奋地嚷道：“亲爱的，你知道吗？今天真是个值得庆祝的日子！董事会把我叫过去，向他们详细汇报有关我做的那份区域报告，他们称赞我的建议非常不错……”

他的妻子却没有表现出高兴的样子，显然想着别的事情：“是吗？挺不错。亲爱的，要吃酱猪蹄吗？咱们家的空调好像出了点问题，吃完饭你去检查一下好吗？”

“好的，亲爱的。我终于引起董事会的注意了。说真的，今天在那么多董事会成员面前，我都紧张得有些发抖了，不过情况很好，甚至连老总都很赞赏，他认为……”

他的妻子打断他的话："亲爱的，我觉得他们根本不了解你，也不重视你。今天孩子的老师打电话来，要找你谈一谈，这个孩子最近成绩下降了不少。对于你的宝贝儿子，我已经没有任何办法了。"

杰克先生终于不再说话了，他想他的妻子是不会听的。他现在应该做的就是把酱猪蹄吃下去，然后去修空调，接着给孩子的老师回个电话。可是，他对这一切似乎都没有了兴趣。

我们可以想象，当我们有一肚子的话想要倾诉，兴致勃勃地要说给爱人听的时候，对方却心不在焉，根本无心倾听，我们的心中是什么滋味？每个人都会遇到开心或者不开心的事，都需要向别人倾诉，来缓解和放松自己的心情。善于倾听的伴侣，能让爱人感觉到爱、理解和尊重，是对爱人最大的安慰和鼓励。

怎样才能成为爱人的"好听众"呢？有三个建议：

（1）全身心地倾听。

要用眼睛、脸孔甚至整个身体去倾听爱人的话，而不仅仅是耳朵。你会稍微向前倾着身子，你脸部的表情也会有反应。

（2）问些诱导性的问题。

诱导性的问话是任何一个想要成为好听众的人所必备的技巧。如果要聆听爱人的谈话，并且不直接提出他或她不想听的劝告，诱导性的问话就是一个不会失败的技巧。

你可以提出这样的问题："亲爱的，你认为做更大的广告可能会增加你的销路，或者将是一种冒险吗？”你提出这种问题并不是真的给他劝告，但却可以得到类似的结果。

（3）永远不要泄露秘密。

有些男人从来不和他们的妻子讨论事业问题的另一个原因是：这些男人无法相信他们的太太不会把这些事情泄露给她们的朋友或美发师知道。他们讲给自己太太听的每一件事情都会从她们的耳朵进去而又从她们的嘴巴里出来。

作为一个好伴侣，并不意味着了解爱人所有的工作细节和秘密。比如你的丈夫是个绘图员，他不一定要求你了解他是如何画蓝图。但是，每个丈夫都会希望他的妻子对发生在他身上的事情富有同情心，有兴趣，并且提高注意力。

学会倾听，你会收获更多的理解和爱。

6.今天你要贫嘴了吗

贫嘴会给生活增添乐趣，一个家庭，如果有一个喜欢要贫嘴的人，那就像面条里的油盐酱醋，让家庭生活多姿多彩。

小美结婚快6年了，尽管她承认老公有一大堆毛病，可小美却仍然觉得他们的婚姻很甜蜜，琐碎而平淡的生活在小美看来是那么有滋有味。为什么呢？

小美的老公就是喜欢贫嘴，从恋爱到现在是一如既往。他在外人面前总能装出彬彬有礼的样子，可一到小美面前就开始“耍贫”，吐出来的肯定不会是象牙。开玩笑的时候，小美总说他是“道貌岸然搞两面派”，而他则会嬉皮笑脸地和她贫上一句：“家有贫嘴夫，往往是一种幸福。”

小美的老公是个马大哈，老婆的生日、结婚纪念日都不记得。一天，他回到家，看见桌上放着一个大蛋糕，竟不知是何缘故。小美说：“哦！你忘了吗？今天是你的结婚纪念日呀！”感动之下，老公对小美耍起了贫嘴：“等你的结婚纪念日到了，我也好好为你庆祝一番。”一句话，逗乐了有点生气的小美。

小美的老公还懒得要命，一下班什么事也不干，一屁股坐在沙发上一动不动地看电视，可总不忘赞美一下忙个不停的小美，说一些“老婆你辛苦了”之类的甜言蜜语；想喝水也不自己倒，只会对小美说：“美女老婆，我好渴，可怜可怜我，给点水喝吧。”于是小美就心甘情愿地给他递水送茶；小美穿好衣服要出门和同学朋友会面，他会上下打量一番然后装出吃醋的样子：“打扮得这么漂亮干什么？又不是和我出去。给我早点回来，晚了我就去跳楼！”小美被老公逗得乐呵呵地出门，又乖乖地早点回家。

受老公的影响，小美也学会了耍贫嘴。小美的老公有睡懒觉的毛病，她从不打骂，而是用“你这只贪睡的小猪”的话语把他从床上喊起；老公因临时加班，回家晚了，小美就在桌上放一张纸条，上面写着："饭菜在微波炉里，啤酒在冰箱里，我在床上。"看着老婆的贫嘴留言，老公一天的劳累顿消，满脸笑意。

当然，再好的两口子也有吵架的时候，不过都是些鸡毛蒜皮的小事。但是往往以贫嘴把对方逗得哈哈大笑，所有的不快也都烟消云散。很多人都说小美家到处都是笑声，而这应该归功于喜欢"贫嘴"的老公。

可以说，正是戏谑俏皮的贫嘴，让小美忽略老公的一些毛病，觉得婚姻生活充满情趣。

有人说，"男人不坏，女人不爱"，无论这话说得是否有失偏颇，但是有一点你还真否认不了，那就是听了这话的人，无论男女大部分都会心服口服，即便有一小部分不服的，也不过是心服口不服罢了。当然了，这里所说的"男人不坏"的"坏"字绝对不是什么道德品质问题，而只是男人的一种本领——"贫嘴"！

7.真爱离不开亲昵的情话

假如爱情是一株娇贵的花，婚姻是它的花朵，那么，情话就是爱情的肥料。无论是青年夫妇，还是老夫老妻，都要勇于抛却旧观念，经常大胆地表达你的感情，让双方知道，无论身在何方你都深深地爱着他（她）！只有这样，才能让你们的感情世界里充满更多的温馨与幸福！

恋爱时，男女花前月下，卿卿我我。但是，大部分夫妻结婚以后就没有当初的那些甜腻腻、火辣辣的情话往来了，甚至结婚几年后，两个人一天说的话都是寥寥可数的几句。

之所以会产生这样的变化，是因为有人认为，结婚数年，老夫老妻，再说些情话会让人觉得太肉麻了。还有人认为，夫妻之间，只要有爱在心里流淌，只要把爱体现在细致、体贴的关心上，情话，没必要每天挂嘴上。

这大错特错，问题是如果只有行动，没有情话，就会给人以“只有主菜，没有汤”的感觉。难怪经常听到一些妻子怏怏不乐地诉说：“我那口子结了婚以后，就不会谈情说爱，我同他没啥话好说。”女人往往欣赏那些善于表达自己感情的男人。这话虽然有些绝对，但确实说中了许多女人的心思！

反之，为了家庭事业忍辱负重的男人们也绝不会拒绝每一句含情带意的情话！哪怕是矫情和肉麻的，对于平淡的婚姻也是一剂不错的调味品。

清晨，妻子上班前端坐在镜子前认真地化妆，丈夫走上前去，从身后搂着她的腰，在她的脸上响亮地亲一口，然后补上一句情话：“老婆，你真美！”——可以想象，此时的妻子的心里像灌了蜜似的香甜。

同样的，丈夫在外忙活了一天，傍晚的时候，他拖着一副疲惫的身子迈进了家门，这时，做妻子的为他沏上一杯热茶，送去一个拥抱。然后，一边为他揉揉肩膀，一边顺口就把“情话”说了出来：“老公，今天辛苦啦！”此时，他的疲劳早已被抛到九霄云外，面庞也会立即被幸福的满足感浸润得热辣辣、红扑扑的，他可能会略带几分陶醉地回复你说：“亲爱的，你也辛苦！”瞧，这整个晚上，你们就会生活在甜蜜的幸福中了。你想想，这情话怎么会是多余的呢?

特别是当夫妻步入中年后，当初炽热的情感日渐冷却，火辣辣的情话日渐减少，甚至全无情话，只剩下干巴巴的实话，日久便让“围城”内的一些人感到了婚姻的无趣，从而开始寻找“围城”外的“情趣”，于是就出现了情人。你可以在他（她）面前说任何话，哪怕常人听来最俗不可耐的话到那时都是最动听的，胜过无数名言妙曲。

当向自己的另一半说情话时也要真诚，只有发自内心地对他（她）说出爱，才能打动他（她）的心。另外，如果仅仅嘴甜，光玩“嘴皮子”而没有实际行动也会适得其反。在生活中，夫妻之间还要互相尊重、互相照顾、互相扶持。毕竟，风花雪月虽然迷人，可是，仅有风花雪月的爱情和婚姻，就像空中楼阁。生活的柴米油盐，就是给这个楼阁建一个坚固的地基，让爱情和婚姻的大厦变得稳固，坚不可摧！

另外，夫妻间亲昵的举动也是一种语言，能增进双方感情，满足双方的精神需求。比如，上班出门前的拥抱、亲吻；一起出门时的手牵手；互相按摩等。

想让婚姻充满柔情蜜意，不妨从今天开始，对爱人多点亲昵的互动，让心中的爱也能透过语言、肢体的亲昵呈现出来。起初可能有点不习惯，渐渐地你将会习以为常，你的婚姻也将会更加幸福甜蜜。

小贴士：女性隐晦语言大总结

没有人关心我——

当女人说这句话的时候，男人一般会错误地理解为："我对你感到很失望！你什么时候关心过我，体会过我的感受？！"

其实，她想要表达的意思是："你对我太冷淡了，我需要你的关心，抱抱我好吗？让我知道你是爱我的。"

没有人听我说话——

听到这句话，男人会产生误解，他以为女人真的只是想让别人听到她说话，马上会说："简直是胡说！我一直在听你说话，甚至还可以把你刚才说的话再重复一遍！"

其实，女人的意思是："没有人理解我的心情，没有人关心我的感受，我不喜欢你那漫不经心的样子！你为什么不好好听我说话？你根本不关心我的想法和心情！我的话你也许不爱听，但是我必须一吐为快！"

房间总是乱糟糟的——

当女人说这句话的时候，男人一般会误解为："你总是把房间弄得乱糟糟的，你真是个邋遢鬼，没法跟你过日子！要么把房间打扫干净，要么离开家门！”

其实，女人的意思可能是：“我今天很累了，真想好好休息一会儿，可是没想到房间这么乱，还需要收拾。真希望你能帮我收拾一下！”

我们必须谈谈——

当女人这样说的时候，男人一般认为：“她遇到问题了，或者她认为夫妻关系出现问题了，要解决问题了。”

而女人的目的可能不在于解决问题，而是发泄情绪。

我们要——

当女人说“我们要”的时候，她要表达的意思是“我想要”。这是一种委婉的说法。女人喜欢和别人在一起的感觉，关心别人的感受，她不想让别人感到她只顾自己的感觉，所以女人很少直接说出自己的需要。

这是你自己的决定——

这句话的潜台词是：“你应该听听我的意见，你做出这样的决定，一切后果都自己承担吧。”

你爱我吗？——

当女人对男人有事相求的时候，常常会先来这么一句，意思是：“既然你爱我，就满足我的要求吧！”

你必须学会交流——

女人说这句话的真正的意思是“听我的好了”。

没事——

当男人感觉到女人不对劲儿，就会问她发生什么事了，如果女人回答“没事”，其实就是“有事”，而且她感到非常郁闷。这个时候不管男人愿不愿意听她诉说，她都会找个话题开始唠叨。如果男人不能给她理解和支持，那么就会引发一场争吵。

好（好吧）——

当女人说“好”的时候，男人不要得意，表面上她做出了妥协，实际上她认为自己是对的，只是不想再吵下去了。她开始考虑如何对你的错误行为进行惩罚，当她的计划成熟之后，你就大难临头了。女人说“好”，通常意味着她不想理你了，冷战即将开始。

5分钟——

大多数的女人都没有时间观念，如果她们让你等5分钟，一般情况下你得等半个小时。

第2课

我们的幸福，别毁在坏脾气上

主题：情绪

没有冲突的婚姻，几乎同没有危机的国家一样难以想象。

——莫鲁瓦

人有“七情六欲”，谁没点儿脾气？但脾气太大，伤人伤己！无论是男人还是女人，都要学会扔掉“情绪包袱”，做情绪的主人。在家庭生活中，伴侣双方情绪稳定，岁月会更加静好。

1.你是个“脾气大王”吗

小张有个不好的习惯，动不动就爱发脾气。只要稍有不顺心的事，他就很难控制自己的情绪，总要拿哪个人或哪件东西来出出气。他上班迟到受批评，回家后拿妻子出气，怪妻子没有早一点儿叫他起床；在单位值日时打扫卫生，地扫得不干净，他怪扫帚破了不好扫，因此拿扫帚发脾气；业绩不理想时，他生上司的气，说上司没能力将他带好，弄得他得不到满意的奖金；走路摔跤他还生路的气，怪路坑坑洼洼不平坦……总而言之，小张就是喜欢发脾气。而且，他发脾气还有个特点，那就是怪别人不好，怪东西不中用，因而总要骂人、摔东西，把他们当成“出气筒”。为此，身边的人给他取了外号——“脾气大王”。

发脾气是个人的欲求和意图遭到妨碍时产生的一种消极情绪体验。许多人由于情绪的自我调控能力较差，冲动性较为明显，因此常常在不该发脾气的时候发脾气，因为一点儿小事就会打起来，因为别人的某些做法不够合理而冲他们大喊大叫……

在日常生活中，引发脾气的原因很多，每个人都不可避免地会产生愤怒的情绪体验。愤怒是一种有害的情绪状态，常常会给人带来意想不到的麻烦，人在发脾气时，意志力会变得薄弱，判断力、理解力都会降低，理智和自制力也容易丧失，而且，长期、持续地发脾气对个体的健康损害也是极大的。

《内经》上说："喜怒不节，则伤脏，脏伤则病起。"当人愤怒发脾气时，交感神经兴奋增强，从而使心率加快，血压升高。所以，经常发脾气的人，容易患高血压、冠心病，而且可使病情加重，甚至危及生命。愤怒可使食欲降低，影响消化，经常发怒可使消化系统的生理功能发生紊乱。发脾气还会影响人体腺体的分泌功能。过度地愤怒甚至还会使人丧失理智，引发犯罪或其他严重后果，因此，控制脾气十分重要。

生活中，我们总会因为一些事情陷入愤怒之中而大发脾气。脾气虽然只是一种情绪，但如不加以控制，会产生极大的破坏力。但是，引起愤怒的直接"元凶"却不是事件本身。有心理学家认为，人的情绪不是由于某一事件直接引起的，而是因为经受了这一事件的人对事件的不正确的认识和评价，形成了某种信念，在这种信念的支配下，导致了负面情绪的出现。这一观点在心理学上被称作"A B C"理论，其中，A代表某一事件，B代表信念，C代表情绪与行为。A并不会直接导致C的发生，而是通过中间的B起作用的。著名心理医生卡尔·孟宁格也曾经说：“态度比事实重要得多。”

当我们被烦恼、愤怒、绝望等负面情绪包围时，不仅要从事物本身寻找原因，更重要的是及时检查自己的态度，看看我们是否在用消极的态度评价所发生的事情。正如成功学大师拿破仑·希尔所说：“我们怎么对待生活，生活就怎么对待我们。”

2.脾气可以发，但不能乱发

李红经常会发脾气。身为妻子的她似乎有这样的特权，可丈夫心里并不痛快。李红和闺蜜抱怨：“我整天压力这么大，什么事都在那儿撑着。若再压抑自己，不让我发泄一下，我的心理健康会受到损害，也许还会得病呢！”

这样的例子很多。你总有一种不好的感觉，让你陷入理不清的烦恼或忧虑之中；你总是看不上某个人，别人一提他，你的评价总是：“有病。”

心理医生说，现在的人生活节奏太快了，工作压力太大了，而且大多数人不会自我调节和减压，久而久之，便使心理“发烧、感冒”，严重的会烧成“肺炎”。

我们一直认为生气时不把怨气发泄出来，久而久之会造成心理压抑，只有把心中的怒火释放出来才有益健康。刻意压抑情感，甚至生气时也强装笑脸是有害健康的。实际上，许多专家也建议生气时最好不要压抑，而是把它发泄出来。

但是，怎样才是表达感情的最好方法？提高嗓门，大声斥责，这样你就占了上风吗？答案是否定的。发脾气，失去控制，只能让你得到一时的心理满足，好像是你很英明，别人没有头脑，但事后很多人仍会像“爆发”之前那样心烦意乱，有些人还会为自己如此失去控制平添一分担忧，甚至对自己产生怀疑。

因此，不论什么时候，我们的建议都是：生气要适度。

生气发火大体有两种：“积累式”和“爆炸式”。“积累式”是指你总生小气，但又无法发作，气在你心中“怄”着；“爆炸式”是受意外事件刺激，让你暴跳如雷。

消除“积累式”，关键在于不积累“生气”。任何不愉快的情绪，都要婉转地释放出去，只要你释放了，这个“气”就不会占据你的心灵，也就谈不上积累了。但是要注意，释放不是发火，而是玩笑、比喻、置换，只要不是“雷鸣电闪”就可以。

对付“爆炸式”发火，有点难度，这主要因为，谁也无法预料将要发生什么，再加上当事人不会克制，当然动不动就要“爆炸”。不过别害怕，有办法解决的。我们要保持清醒、冷静，当事情在你面前露出一角时，你要学会往坏处想，这样即使果真是坏结果，你也有了心理准备，不至于发大火，“炸”伤别人和自己。

情绪自我调节的观点并不是说要否认或压抑真正的情感，而是积极进行内心的自我对话。当遇到麻烦时，我们也许会陷入一系列的愤怒思考中，例如，责备、怨恨或做出“我要报复你”的回应。为了有效地制止这些消极的回应，应该尽快对这些不健康的想法亮“红灯”，使自己的心灵迅速进入平静状态：

（1）回忆你过去曾经经历过的愤怒时刻。重新体验你当时的所有思想、情绪和行为。

（2）想象你的面前有一个巨大的红灯，在你的内心世界里大声疾呼：“停止！”

（3）现在做一个深呼吸，想象自己正在把所有的消极念头和情绪都吐出去。

（4）想象自己越来越平静，放松片刻。在这种安宁的气氛中走进自己的身躯，重新体验你在愤怒时曾经拥有的想法、情绪和行为。

（5）如果需要，反复做这一练习。

3.摆脱压抑和郁闷的心境

一次在火车的餐厅上，有位太太身上穿着名贵的毛皮大衣，上面缀着璀璨夺目的钻石，然而不知是什么原因，她的外表看起来却总是一副不悦的样子，她几乎对于任何事都表示抱怨，一会儿说“这列车上的服务实在差劲，窗没关严，风不断地吹进来”，一会儿又大发牢骚“服务水准太低，菜又做得难吃……”

不过，她的丈夫却与她截然不同，看上去是一位和蔼亲切、温文尔雅且宽宏大量的人，他对于太太的言行举止似乎有一种难以应付而又无可奈何的感受，也似乎相当后悔偕她旅行。

他礼貌地向沉默的同车人打了个招呼，并询问其所从事的行业，同时作了一番自我介绍。他表示自己是一名法律专家，又说：“我内人是一名制造商。”此时，他脸上有一种奇怪的微笑。

听完他所说的话，那位同车人感到相当疑惑，因为他的太太看起来一点也不像个实业家或经营者之类的人物。于是，那个同车人不禁疑惑地问：“不知尊夫人是从事哪方面的制造业呢？”

“就是‘郁闷’啊，”他接着说明，“她是在制造自己的郁闷。”

这位先生的确很贴切地道出了实际情况。

现代社会，抑郁症患者的数量逐年增多，研究表明，女性比男性更容易沉溺于忧思苦想，所以也更容易陷入悲伤和抑郁之中。需要引起我们的重视。

转移注意力能够有效改变不愉快的心情。如看一场精彩的体育比赛、看一场喜剧电影、读一本轻松愉快的书等。为排解通常的悲伤情绪，许多人也采取阅读、看电视、看电影、玩电子游戏、猜谜、睡觉、胡思乱想等做法。

还有一些有效抑制郁闷的方法：如进行体育锻炼；洗个热水澡；吃点美味佳肴；听听音乐；上街买点小玩意儿；吃点东西；换一身好衣服；理个新发型。

但是，不要用猛吃一顿、酗酒或吸烟的方式来排解。猛吃一顿的女人，事后常常后悔吃得太多；酗酒吸烟使男人的中枢神经受到抑制，气质更加消沉。

我们还可以通过做一件事情，取得一个小小的成功，来化解郁闷。比如，处理好家里某件拖延已久的杂事，或趁早做完打算要搞的清洁卫生……这些事情很容易做成，做成之后，会让人感觉高兴一些。

比起以上这些，消除抑郁的最好方法是换个角度看问题。当一个人失恋的时候，就产生了自怜自怨的想法，认为自己从此将无依无靠。这个时候，如果换个角度，想一想这段爱情，对自己也许并不那么重要呢！也许分开了才是好的，不分开反而不好。

抑郁症患者气质低落的原因还在于沉溺于自己的苦闷中。如果移情于他人的痛苦，热心帮助他人，也能把自己从抑郁情绪中解脱出来。

4.告诉自己，每天都要心情好

每个人都会有愉快的时候，也都有那么几天是情绪低落时期。情绪不好时会让我们把自己积累了许久的印象、计划、工作毁掉或损伤。

如何克服坏心情呢？除了把心里话说出来，还有一种更重要的方法叫“自制”。自制同样是一种心理防御机制。柏拉图说：“就人本身而言，最重要与最重大的胜利是征服自己。”

现代医学也为我们克服坏心情提供了很多镇静剂、抗忧郁剂，这为我们的坏心情得到排解起到了很大的作用。

更为可喜的是现代人发现了对付坏心情的一些非药物性方法：

（1）运动。

在各种改变心情的自助技术中，以耗氧运动最能消除坏心情。研究人员强调指出，由于化学和其他的各种变化，使运动可与提高情绪的药物相媲美。家务劳动等体力活动的效果很差，关键在于做耗氧运动，如跑步、骑自行车、快走、游泳和其他重复性持续运动，可以增加心率，加速血液循环，改善身体对氧的利用。这种运动每次至少进行20分钟，每周进行3~5次。

（2）穿亮色衣服。

就像维生素是身体的营养品一样，颜色也可以成为精神的营养品。为消除烦躁与愤怒，避免接触红色是有好处的；为了抗忧郁，不要穿黑色、深蓝色等使心情沉闷颜色的衣服，也不要置身于这种颜色的环境之中。应该寻找温暖明亮积极的颜色，以使心情轻松。为减轻忧虑与紧张，应选择中性的颜色，以取得镇定、平静的效果。例如，医院常用柔和的主色，以使病人安静。

（3）听音乐。

音乐对不好的心情有治疗作用，应当根据等同心情原则选择音乐。如果心情忧郁，就应选择忧郁的音乐。虽然，这似乎增加您的忧郁感，但这是改变心情的第一步，可以选用一小段音乐，逐步把原有的心情导向所要求的心情。

（4）做个开心的吃货。

食物与心情有着重要的联系。糖类食品是有安慰作用的食品。单吃糖类食品有镇静作用，这是因为糖类食物刺激脑组织产生的元素可使我们感到平静和松弛。50克糖类食物已足以引起安静效应。爆米花、咸脆饼干等低热量糖果食品，与油炸圈饼、油炸土豆片等致肥食品有同等的镇静作用，蛋白类食品使人维持警戒状态和精力充沛。在这方面，最好的蛋白质食品是甲壳类、鱼类、鸡、小牛肉和瘦牛肉，吃100克左右就可有效。

高咖啡因摄取也参与心情的变化。对比试验发现，对某些人来说，高咖啡因摄取与抑郁、烦躁和忧虑的加深有密切关系。

（5）增加照明。

哈佛心理卫生研究所发现，有些人易发生冬季忧郁症，这是一种季节影响病，是因缺少光照引起的。只要每天增加2～3小时荧光灯人工照明，心情就会好起来。

这些方法大家不妨试一试，或许会让我们的心情不自觉地变好了。

5.学会给自己减压

哈佛大学的伯恩斯教授进行了一项调查：他向1500名都市白领提出一系列问题，结果发现，他们之中约有40%是属于追求完美的人。可以预料的是，这40%的人所受的压力，比其余那些不追求完美的人要大得多。

面对社会，没有一个人可以轻松地说：我没有压力。事实也是如此，竞争的日益激烈，让我们的压力无处不在。于是抑郁、亚健康、神经紧张、失眠等症状也越来越多地走进了人们的生活。我们被头痛、消化不良、精神不佳、失眠等痛苦折磨着，然而当我们真正走进医院时，却发现我们又没有得什么病症。这时候或许心理医生可以告诉你真正的原因：你该为你的心灵减肥了。

压力，它让我们每一个人都感到紧张并能够不断奋进。适当的压力是理想的，它可以激励我们不断转化成前进的动力。但是近几年的研究报告却告诉我们，压力过多已经不是少数人承受的现象了，越来越多的人成为过大压力的受害者。

尤其是对于年轻人而言，处于奋斗时期的他们，往往处于一种焦虑状态。过高的焦虑指数不但不利于成长，反而会妨碍工作和生活。对于他们而言，压力的来源有两种，一种是工作压力，一种是心理压力，而往往是工作压力的加重直接导致了心理压力的升级。正常的压力是对的，可怕的是重压之下，个人的工作状态就会受到负面影响，从而使心理问题也陆续出现。

玛莎从大学计算机系毕业后在一家金融软件公司里做软件工程师助理，很快上级便分配了给她一个较大的项目，这个项目对她而言是至关重要的：做得好就可以转正并且待遇升级，否则便有卷铺盖走人的下场。

接下这个项目以后，玛莎没日没夜地查资料，读程序，连续好几周没有放假，晚上即使睡觉也总是睡不踏实，几乎到了废寝忘食的地步。经过一个月的努力，她的工作终于迎来了尾声，而她的健康同时也亮起了红灯。

如果不学会给自己减压，那么肯定也会走上与玛莎相同的路径。面对压力，首先不要惧怕它，要学会把它看轻，看淡；压力无非是一种心理反映，它就如同纸老虎一般，你越是惧怕它，它反而越是强大；另外，减轻心中的压力，关键就是要把自己的心态调整平衡。在工作中遇到工作量大、难度高等困难的时候，要保持乐观、积极的心态，不能悲观、消极，这样不但不利于工作的进行，反而会由于心理疲惫而延缓工作进程。

减压不是放弃对工作、生活的认真程度，而是主观地改变自己的心态，从而乐观地面对它们的一种生活方式。

尝试给自己减压，可以从以下几个方向着手：

首先，寻找自己的人生爱好，通过那些令自己愉快的爱好，能够让自己放松下来。

其次，学会合作和授权。每一个人的能力都是有限的，如果事事躬亲，那么不但压力巨大而且效率、成果也不见得好，所以当遇到巨大的工作量或者生活问题时，要先冷静下来分析分析，是不是可以借助他人的力量完成，如果一股劲儿傻傻地往前冲，是不明智的。磨刀不误砍柴工在当今依然适用。

最后，学会休息。工作一段时间以后要学会放松，出去走几分钟或者闭目养神、听听音乐，不但有利于体力的恢复，而且还可以提高你的工作效率。积极地参加体育锻炼，身体才是革命的本钱，一个健康的身体是快乐人生的前提。如果你已感到压力过大，你或许可以考虑打一场篮球，考虑登一次高山，考虑做一次远足，这些都是既放松身心，又利于身体的选择。

人生下来不是为了工作，而是为了生活，所以无论多么忙碌，也要为自己的生活保留出一段时间。在这段固定的时间中，你可以放松地和伴侣倾诉一番，缓缓地散步，哼一段小曲，听一首歌，让自己在这段闲暇时光中体会生命的美好，这样你的忙碌才能更有价值。学会减压，才会更加懂得如何生活。

6.温柔是女人最重要的美德

一天，正忙着写程序的小于接到未婚妻的电话。因为他的手机开着扬声器，办公室里的每个同事都可以清清楚楚地听到他们对话。

“什么事情？我正在工作！”小于十分不耐烦地说。

“你中午回家买菜哦，我想吃青椒炒鱿鱼了。”电话那边娇滴滴地回答说。

“中午我不回家了！朋友约我出去喝酒！”小于见大家都盯着自己，便故意耍些大丈夫威风。

“你不回家啊，那我一个人怎么吃饭啊？”电话那头的声音依然是娇滴滴、软绵绵的。

“好吧，”小于犹豫了一下，最后说，“我还是回去给你做饭吧。”

一屋子的同事都瞪圆了眼睛，尤其是女同事，都七嘴八舌地说小于的未婚妻有福气。小于说：“我天天在家给她洗衣服、做饭……没办法，她就是有福气。”

正是像一位诗人所说的：“女人向男人‘进攻’，温柔常常是最有效的常规武器。”倘若故事里小于的未婚妻厉声厉气地说话，想必小于是不会屈服的。正是那几句温言软语，拨动了小于心底那根柔软的弦，所以才能让小于为她在人前人后效力。

马克思说：“女人最重要的美德是温柔。”温柔的女人就像一位工笔画的大师，无比精细地敷染着芍药、杜鹃。那种亲切与耐心既不是逢迎，也不是依附，而是一种自信。她们深知，有时男人的情感也很脆弱，希望女人的温柔娇媚给自己在苦斗的间隙里一刻喘息的机会。女人展示温柔，就是在展示美丽。

卢梭也认为：“女人最重要的品质是温柔。”温柔的女人像绵绵细雨，润物于无声，给人以温馨柔美之感，令人心荡神驰、回味绵长。温柔的女人具有一种特殊的处世魅力，她们更容易博得人们的钟情和喜爱。温柔之美是女性美的最基本特征。女人最大的悲哀也是失去了温柔，若失去了温柔，就没有了女人味。

有一次，英国维多利亚女王和丈夫阿尔伯特亲王谈话。女王语气里流露出的居高临下，令阿尔伯特亲王有些不悦。他独自一个人走进卧室，把门反锁起来。

过了一会儿，女王在外面用力地敲门。

“谁？”阿尔伯特亲王问道。

“我，”女王傲慢地回答，“请给英国女王开门。”

但屋里没有丝毫动静。

过了一会儿，外面又响起了敲门声，这一次声音轻多了。

“谁？”阿尔伯特亲王又问道。

“是我，维多利亚，你的妻子。”女王温柔地说。

门，立刻开了。

温柔是女人独有的处世法宝和宝贵品质，是男人的甜蜜杀手。“柔情似水，佳期如梦”多么令人迷醉。也许只是一个眼神，只是一次默默的微笑；也许只是伸过来的温柔的手；也许只是一声低唤，一阵呢喃……对男人来说，温柔是酒，只饮一滴，就可回味一生。

然而不幸的是，许多女人并不知道温柔是一种可以克刚的武器，她们害怕自己失去在男人心目中的地位，常常为了维护这种地位而对男人颐指气使，动辄大声呵斥，抛弃温柔，显示出女人最粗糙的一面。可想而知，这样的结果只会适得其反。

没有哪份爱情会长久常新；单凭一纸婚约，很难永远守住一颗心。有人说，婚姻本来就是鲜花灿烂后的落英满地，走向平淡无味是它必然的结局。但幸运的是，和事业一样，爱情和婚姻都是可以用心经营的。而女人的温柔就是维护爱情、婚姻最有力的武器，就像心灵深处的一只纤纤细手，只需轻轻一拂，再强悍的男人也会被瞬间征服。

7.好性格能征服一切

有人曾说：女人从出生到18岁，最需要一个好的家庭；从18岁到25岁，最需要好的容貌；从25岁到55岁，最需要好的个性；至于55岁以后，则需要好多钞票。说到底，在女人漫长而美好的一生中，最需要的还是好性格。

女人修炼的，是一个看不见的自己。花期是谁都有的，但“果”却不是人人都能结的。拥有幸福的根本原因是拥有良好的个性。蕙质兰心，通情达理，拥有了这样果实的女人才是魅力非凡的女人，自然也会是幸福的女人。

何美玲年轻貌美，她的丈夫老李却心有旁骛。关键是，第三者竟然是一个比她丑、比她老的女人。心有不甘之余，何美玲诘问老李："我到底哪点不如她？"老李叹息："和你在一起，我很累；和她在一起，我很轻松。"何美玲歇斯底里地扑向老李："你这没眼光、没良心的家伙，我当初真是瞎了自己的眼，才会嫁给你。"老李躲在沙发后面，长出一口气说："居家过日子，老婆仅有美貌是徒有其表。今后的几十年，我也想过轻松的生活，不可能只顾着你的脸。"

好性格是爱情、亲情的安全带，也是婚姻家庭的安全带。恋人、夫妻之间除了极少数本质的分歧外，大多数的矛盾都来自个性的摩擦或冲突。一个善解人意、蕙质兰心的女人善于及时调整和控制自己的心态，适时地保持缄默或妥协，恰到好处地予以疏导，或待到时机合适再表达自己的思想观点。与这样的女人相处，就算男人存心找碴儿，恐怕也吵不起来。

一项调查显示，男人公认的最理想的女人性格是温顺贤良。柔情贤良既是女人内在美的展示，又是女人无往不利的武器。她们贤惠端庄、温文尔雅，正好满足了男人想当一棵大树的男子汉心理；她们重情重理，甘当人梯，把丈夫、孩子、老人照顾得妥妥当当，家庭和睦且亲情融融。拥有这样的贤妻实在是男人的最大福气，也是全家人的幸福核心。

好性格是一种气质，不在于个子高矮，也不在于长得胖瘦；不在于容貌的美丽，也无须肌肤的滑嫩。好性格是天生的善良，一种魅力。聪慧、干练、多谋、洒脱，有手腕，会办事，好性格往往是一个女人幸福的保证。

女人的好性格是夫妻幸福的安全带。夫妻之间，常因为一句话不和而结下永久心结。即使没有这般严重，但因性格原因导致矛盾的夫妻比比皆是。一个性格好的妻子会竭力避免这样的局面，更容易得到丈夫的宠爱和信任。

女人的好性格还是身心健康的安全带。现代社会，众多疾病依附或寄生在不良生活方式或不良心理这两条藤蔓上，生活没规律、抽烟、酗酒、夜生活无节制、少运动，以及攀比、嫉妒、贪婪等都是其枝蔓。人们身上或多或少都蔓延着这样的藤蔓，甚至放任伊甸园里的那条蛇在自己的生命里肆意流动，给自己的身心健康带来极大的隐患。毫无疑问，好性格是有效的捕蛇器，专门扼杀这一不良心理藤蔓。一颗少有杂蔓以及蛇鼠之辈的心地才是真正健康的心灵；自然、平静、恬淡的生命，才是健康的生命。由此可见，好性格对女人的重要性。

对男人来说，女人的好性格是一场没有风和雷电的小雨，能舒展爱的枝叶，能滋润干枯的心田。女人的好性格如同一只纤纤细手，知轻知重，知冷知热，抚平他受伤的心灵，唤醒他沉睡的青春。总之，好性格的女人就像一块磁铁，只要你进入她的磁场，就会不知不觉地被她吸引，想逃都逃不掉，让你心甘情愿地和她一起共赴幸福美满的人生。

小贴士：怎样遵守“舌战”潜规则？

中国社会科学院陈一筠教授指出，结婚并不意味着丈夫从此可以把生活的重担全交给妻子。有些男人，正是把婚姻生活视为万事大吉而出了错。有时候，夫妻发生矛盾冲突并非由于谁对谁错，只是彼此看问题的角度不同。女人常常不懂男人的心，因为男人很少把心扉敞开让她们看个究竟。

传统文化逼着男人保持沉默，但要知道，沉默绝不是和解。丈夫要让妻子知道自己的内心感受，这比隐瞒要好得多。事实上，妻子的歇斯底里往往来自丈夫的沉默、隐瞒和回避。因此，女人不妨对症下药，再多一点耐心跟丈夫沟通，以便成功开启丈夫的心扉。

不少妻子向心理咨询员这样诉说：“我老公从不与我争吵，从不争论是非，他一见我不高兴就躲开。”也许，男人这种退却的办法是幼年时代从其父亲那里模仿来的。这种男人，多半曾有个苛求的母亲和软弱的父亲，他所知道的唯一办法就是退却。然而，回避、退却都于事无补。要想建立幸福的婚姻关系，女人必须让男人明白，他需要把自己的观点表白，两个人争论是非，直到问题得到解决。

一个健康的男人或女人，内心都有一个“防卫者”。它并不伤害别人，只是维护自身情绪的堡垒。这一“防卫者”在儿童内心并不很强，这就是为什么儿童需要大人保护。夫妻争吵，表明双方内心的防卫者都在各司其职，而并不是一方在这时刻意伤害对方。争吵激烈时，可能是一方或双方的“防卫者”越出了界限，需要有“裁判员”命令它们退回去，各就各位。

然而，夫妻争吵时谁能在旁边做裁判员呢？于是，就有男人“以退为胜”的办法。

如果男人在家里做了太多的退却，他们就只好在工作场所去进攻，以作为某种心理补偿。难怪心理学家荣格这样说：“美国人的婚姻是世界上最可悲的婚姻，因为男人把全部进取心和积极性都移向了办公室。”

心理学家们认为，夫妻之间适度地“舌战”是有好处的。在夫妻吵架中，男人并不一定知道他究竟要干什么。也许他的心理防卫机制不够健全，妻子尖刻的话语一下子就刺透了他的心。多吵几次，他内心的“防卫者”就能得到锻炼，知道怎样固守边界了。

成熟的男人和女人，也是经过实际交锋学习吵架规则的，他们从争吵中训练自己如何保持分寸和理性。

美国当红脱口秀节目主持人菲尔·麦克格劳博士认为，理性地争吵后如果双方不能马上做出互相调整，改变各自的行为方式，那么他们离分手已经不远了。

麦克格劳还建议说，夫妻吵完架之后应该十分有礼貌地结束争吵。应该允许一方有礼节有风度地退让，而另一方也不应该“痛打落水狗”，如果你吵架赢了，那么你更有必要做到有风度。值得一提的是，吵完架之后，引起争吵的话题就不应该被再次提起了。

麦克格劳说，吵架当然是释放紧张心理的一种方式，对于夫妻关系其实也是有好处的，但必须就事论事，抓住某一件事情，而不能翻老账、记旧仇。

此外，夫妻争吵时还要保持下列分寸。

争吵后不留积怨

即把双方观点坦率亮明，求得一种解决矛盾的办法，达到新的基础上的团结。

不要实施性惩罚

即不以拒绝夫妻生活作为“治”对方的手段。夫妻关系不同于一般的异性关系，夫妻通过性爱来表达和增强彼此的亲近。任何一方的性惩罚，都会伤害对方的自尊心，从而导致夫妻的疏远和陌生。男人更容易在这种疏离感驱使下走向另一个女人。

不让孩子难堪

夫妻争吵应背着孩子，不要让孩子在父母的“战争”中充当旁观者、调解者，甚至参与者的角色。

不要让“舌战”升级为暴力行为

因为男人往往不容易控制自己。

千万不要以为美满的婚姻就没有争吵，那是不切实际的。就像烧菜不能没有盐一样，可以说，世界上没有不争吵的夫妻，倘若真发展到连争吵的气力和情调都没有了，那也就意味着婚姻已经走到了尽头。

第3课

不完美，才美

主题：接纳

爱情就像银行里存一笔钱，能欣赏对方的优点，就像补充收入；容忍对方缺点，这是节制支出。所谓永恒的爱，是从红颜爱到白发，从花开爱到花残。

——（英）培根

幸福的婚姻可遇也可求，重要的是夫妻之间要加强了解，只有互相了解，才能体谅对方，也只有体谅，才能拥有和谐的气氛与幸福的感觉。

1.婚姻最需要爱和包容

很多人年轻的时候，选伴侣，只看才貌，根本不管人品、性格和脾气，到了中年时，才会发现原来人的美不在外表，而在具有爱和包容的个性。

美国知名情感专家威廉斯说："世上每个人都需要别人的关怀和注意，这是千古不变的道理。"人是有情的生物，人跟人相处，没有人受得了无情严厉的苛责，更没有人受得了吹毛求疵的脾气，尤其是在婚姻里，夫妻之间要讲情，而不要一味说理。

赵启航人长得帅，家世又好，娶了一位富家千金做妻子。按说两人家世品貌都相当般配，站在一起宛如一对璧人，羡杀了多少人的眼睛，日子过得应该不错了，可谁想到他们结婚仅仅五年就离婚了。后来赵启航又结婚了，但这段婚姻让大家跌破眼镜，新娘是一位相貌平平的服务员，她到底是怎么抓住这位贵公子的心呢？

后来，在朋友不解的询问下，赵启航讲了这样一个有关白糖的故事。

他说，他这些年来受够了前妻的折磨和凌辱，忍无可忍才离的婚。前妻是一个要求完美的人，生活上每件事都要符合她的完美要求，一点小事没做好，就好像世界末日来临一样，整个家被她折腾得惊天动地。偶尔，他想找她去散心或温存一下，她光是出门就要花三四个小时，要选衣服和鞋子，而且还要提前一天向她预约，否则她会挑不出鞋子和可以搭配的衣服。偶尔，他工作压力很大，想寻求她的安慰，向她吐吐苦水，她却讥讽他没有出息，笑他为何不去找个没有压力又赚很多钱的事做？最后，真正让他爆发不满的，是一袋白糖。

有一天，前妻忽然心血来潮，想要做一道甜菜，傍晚时打电话到办公室给他，叫他下班时顺便到某某超市去买某某牌的白糖。然而，他开了一天的会，人也确实很累了，但他不敢不从。下了班，他拖着疲惫的身子，勉强上路，塞了快一小时的车，终于到了超市，车还非常多，车位很难找，勉强找到车位后，就为了一袋白糖去大排长龙结账。

接着，赵启航全身疲累地回到家，把白糖交给前妻，正想趴在沙发上休息一下，前妻却在厨房尖叫，大骂：“你怎么这样笨！我说要某某牌的，你却买成另一个牌子的，你马上给我回去换掉，为什么我说的话你都不听，你根本不尊重我！”就这样，为了一袋白糖，她骂了半个小时，甚至牵涉到双方家世，还说到他心里有自卑感，才会用这种小动作来捉弄她……

看着妻子那张脸，像有不共戴天之仇般地狰狞着，又累又烦的他气若游丝地说：“只不过是一袋白糖而已，晚餐将就用了，何必这样在意？”但他的前妻根本不听，还是逼他去换回某某牌。忽然间他看开了，站起来说：“要买你自己去买！明天我们就离婚吧！”

一向是高高在上的女人，怎么可能被人“开除”，她到双方父母家里大哭大闹，但赵启航铁了心，最终一无所有地净身出户了。

赵启航离婚后，失去了豪宅和存款。他开始坐公交车去上班，吃路边摊，租公寓住。但他觉得自己重生了，感受到前所未有的自由和畅快。

有一天，他和同事去一家小餐厅吃饭，不小心打翻汤，桌面和衣服都湿了，一位女服务员也不怕脏主动来帮他清理，还一直安慰他没有关系，这位服务员就是赵启航后来娶的妻子。

赵启航再婚后，事情巧得很，同样的事情又发生了，某天下班前，赵启航接到妻子电话，同样是要他回家前顺便去买白糖。他同样累到不行，本来想说随便到外面吃就算了，但妻子在电话中好言好语，说什么要特地做好吃的为他补身子，他听了再累也去买。

这时，他想到了前妻的某某牌白糖，到了便利商店，他故意又买另一个牌子的白糖。回到家，妻子满脸笑容迎接他，然后拿了白糖做菜。他好奇地走到厨房，问她是不是某某牌的比较好，妻子撒娇地说，什么牌都没关系，只要是丈夫买回来的就最好。就这样，赵启航很满意他现在这个体贴的妻子，他对朋友说，现在在他眼中，他这位妻子是最美的，没有任何女人可以取代她。

每个男人回到家，回到亲密的伴侣身边，都渴望得到爱和包容。女人也是，都追求一种无怨无悔、夫唱妻随的契合感觉。

拥有爱和包容的人最美，也最容易造就出成功的爱人。社会上不少成功男人的背后都有这样一个聪慧女人。反过来，每个失败的男人背后，通常总有个不懂事又不体贴的女人。当男人压力过大或陷入低潮时，她们却还拼命指责他们或大吵大闹，难怪在这种内外交迫的情况下，很多男人会立志结束这段婚姻。

所以，一定要懂得称赞伴侣的才干，这样他/她就会更卖力为你工作；经常拥抱他/她，他/她就不会生气动粗；吻吻他/她的嘴巴，他/她就不会口出恶言。

2.有时也装装糊涂吧

做人不要太敏感，对生活中无原则性的事，不必认真计较。情感专家们认为，对婚姻生活中那些无原则性、看不惯的事或不中听的话，装作没看见、没听见或随看、随听、随忘，不仅是处世的一种态度，亦是夫妻和睦的秘诀。

婚姻生活中，最爱较真的一方，往往是吃亏最多的一方。俗话说“说者无心，听者有意”，随随便便一句话，你都要想东想西、琢磨来琢磨去，能不累吗？

很多事情听的人记住了，说的人却早忘了。因此，明智的丈夫应该揣着明白装糊涂，面对妻子的唠叨，乐意听的听她几句；不乐意听的就装出一脸迷惘，或做个鬼脸，或者干脆以一个吻，扑灭她心中的怒火；实在没招，还可装聋作哑一走了之。

总而言之，就是凡事不可太较真，最要紧的是千万不能和她接火。一旦你试图和她讲道理，就已经失去了主动权，必败无疑。反观女人亦是如此，要善于装糊涂。

那么，在夫妻生活中如何才能做到“糊涂”呢？

对小事不要斤斤计较。居家过日子，每天都会遇到一些小事或大事，因此生活中的种种矛盾很难避免。有的妻子对男人买回的东西品头论足，买贵了，或者是质量上有问题等纠缠不休，这样都是有违糊涂法则的。

如果夫妻之间总是斤斤计较，硬要讨个“说法”，非要弄个谁是谁非，这种较真的结果只会带来烦恼和忧愁。久而久之，不利于身心健康。因此，夫妻之间一定要把握好“大事清楚，小事糊涂”的原则，以避免被许多小事分散精力，这样才能建立好融洽的家庭氛围。

讲情不讲理。家是温暖的港湾，是感情寄托的地方，却并不是一个讲理的地方。

对于女人来说，结婚前，要睁大你的双眼，“梳头不好一朝过，嫁夫不好一世错”，婚前你尽可以睁大双眼横挑鼻子竖挑眼。但结婚后，两人同住一个屋檐下，你要学会闭上一只眼睛，不要太过较真儿了。

情感专家说，镜子拉得太近了，许多出其不意的瑕疵会刺痛你的眼睛，那你就得闭上一只眼睛，有时甚至不妨连双眼都眯起来看对方。这样遇上事情不妨打打马虎，能忽略就忽略了。

再说，拆开来看我们汉字的“婚”字，就是一个“女”字和一个“昏”字——假若女人不昏了头、不昏得稀里糊涂，说不定这世上就没有了爱情和婚姻。

不必知道的事情无须刨根问底。有的妻子下班回家，先问孩子“今天你奶奶在家干什么了，说什么了”等等，看到丈夫又问，“你今天都做什么了？有谁给你打过电话？是男的还是女的……”人刚进屋，各种问题接踵而来，这多少让人有些厌烦。她们总想知道对方在生活中、工作中的各种情况，而且事无巨细地都要打听，生怕有什么事情隐瞒自己。这种问题问多了，一来对方肯定会产生对抗心理，而且有的问题甚至会伤了家中的和气；二来如果问到有关情况后，乱加联想，甚至犯猜疑，那么矛盾也就不可避免地产生了。其实，大多数问题是你根本可以忽略不问的。

话到嘴边想一想。有些女人心直口快，想什么说什么，而且还觉得自己有道理：都是一家人，哪有那么多计较的？其实，正因为是一家人，才对其所说的话特别在意。你可能也有这样的体会，当你和别人争吵几句后，你可能很快就把这事忘了，但如果和你争吵的是家人，可能很长时间之后，你还对他所说的话耿耿于怀。所以，对待家人时，更应该注意自己的言行，要更有理智也要更和缓，想一想再说，这对家庭的和谐可是很有好处的。

为人处事少不得“糊涂”，夫妻间居家过日子，更是难得“糊涂”。学会把“糊涂”艺术得心应手地应用到婚姻生活中，是一种机敏，也是一种理智。当妻子发火时，丈夫能不与她争辩，嬉皮笑脸地装回糊涂虫，有助于妻子很快地冷静下来，甚或理智地反思自己；而当丈夫做错了一件小事后，妻子胸怀大度地装糊涂，没有河东狮吼兴师问罪，丈夫则会很感动，感动之余反思更深。这种糊涂，是对夫妻情感的一种真心呵护，是心与心的一种互动与靠拢，也是对提升婚姻质量的一种保证。这种充满无穷爱意的糊涂，需要以小家的长治久安为最高目标，用大度去奠基，用谦让去营造，用真诚去灌溉，用理解去培育。

3.做个多体谅老公的好老婆

一个深受女人欢迎的男人曾经说过："女人如果能时刻体谅她的男人，那么，这个男人便会很乐意伴在她的身边。"这不单是他，也是每个男人心中所想的一番话吧！他们认为体谅往往还包括许多内容呢。

在男人心目中，到底最希望他们的妻子了解及体谅的是什么呢？美国婚姻家庭专家经过调查研究，提出了男人婚后的心理状态和感受，供妻子参考。

第一，在男人心目中，工作和事业是最重要的一环，这也是他们建立个人形象和价值的重要途径，而不仅仅是为了谋生。老公希望妻子谅解他对工作的过度投入，而别经常埋怨他因工作或跟工作有关的应酬而冷落了自己。

第二，钱财对男人来说，除了可提供安定、富足的生活外，也是权力的象征。因此，购买较为贵重的物品时，大多数丈夫都希望妻子能事先跟他商量一下，尊重他的意见。

第三，几乎所有的男人婚后都喜欢跟婚前的朋友继续交往，丈夫不想让妻子过分地限制他跟同性朋友的来往。

第四，妻子通常不喜欢自己的丈夫顾盼其他女人。其实，男人爱看美丽的女人，纯粹是心理上的一种本能反应。

第五，在男人的潜意识中，潜藏着一种儿童心理。他们会对某些活动如踢足球、钓鱼、摄影、音响等沉迷极深，从中获得精神上的松弛，一般而言，这对他们应付工作压力是有帮助的。只是他们的沉迷，有时可能忽略了妻子。

第六，并非每个男人都能言善辩、细心体贴，有些男人语气太重，给妻子以凶巴巴之感，其实是出于他的关心。因此，女人应多留意丈夫如何做，而不必太计较他如何说。

孙坡经人介绍认识了现在的妻子，跟她刚开始是很愉快的，但随着交往次数的增多，孙坡发现她任性刁蛮，不体谅他人感受，而且对人缺乏礼貌，这让孙坡很难接受。本来他想在还没有确定关系之前，跟她分手，但是她不同意，又哭又闹纠缠不清，孙坡只好在她父母的劝说下同意继续交往。

之后他们结婚了，但是她的性格不但没改，而且似乎有变本加厉的趋势。而且她总因为一点小事跟孙坡争吵，对他也抱着一种完全不信任的态度。孙坡平息家庭战争唯一的办法就是保持沉默。但是她生性多疑，常常怀疑他跟其他的女人有染，有几次孙坡还发现她跟踪自己的同事，每次一见他跟哪个女人多说两句话，她就对他大发雷霆，甚至动手打人。

孙坡真是被妻子折腾得身心疲惫，经常是从卧室搬到了客厅，甚至想搬出这个家。除了逃避，孙坡实在不知道该拿她怎么办。

这个事例中，孙坡的妻子有很多地方做得不对。既然结婚了，她就要为自己的婚姻做一些改变，否则就是不负责任。这么胡搅蛮缠、不体谅丈夫的感受，随着时间的推移，婚姻只会名存实亡，昔日的爱人也会被逼得心灰意冷。

幸福的婚姻可遇也可求，重要的是夫妻之间要加强了解，只有互相了解，才能体谅对方，也只有体谅，才能拥有和谐的气氛与幸福的感觉。

4.你对他的尊重，换得他对你的眷恋

对许多女人来说，婚后要想维持对老公的爱恋指数，她必须去除对婚姻的恐惧、不安全与理想化。简言之，她必须试着去接纳一个并不完美的男人。

接纳并继续爱恋老公最常见的障碍就是缺乏深层次的了解。许多女人就因为不是真正了解男人，婚后随着老公缺点的日益暴露，才会难以维持对他们的好感。而女人经常自以为了解男人，往往是来自神话故事或传统概念。

在传统角色上，男人即代表主动、自我克服，他们从不表明自己的需求。他们确保自身安全的方式就是防止女人看到了一些足以威胁到他们的阳刚之气的事物。许多女人所不能了解的就是关于男人脆弱与敏感。

这些范围还包括对无助与被动的恐惧，对诱骗的恐惧，对依赖以及无法达到女人的理想的恐惧。就算是脆弱的男人，他

们也需要被喜爱、被尊重。

一个真正被接受、了解及喜欢的男人，他所回馈于女人的是对她们的关心、爱恋与尊重。只有那些愚蠢的女人才会犯下如下一些贬低老公自尊的错误，从而让老公对其心生不满，甚至发展到闹离婚的地步。

（1）切忌谈及老公的“秃顶”。

如果是男人的朋友取笑他秃顶，他往往能一笑置之。但如果妻子提及时，则会感到极端不快，原因是他产生了恐惧感，生怕在妻子眼中丧失了吸引力。

（2）勿在老公面前批评他的母亲。

因为母亲是男人生命中第一个眷恋的“异性”，母亲受到恶意的批评，定会大大地伤害他的感情。

（3）不要对他的“浪漫观点”加以贬斥。

几乎所有男人都以大情人自居，假如做妻子的低估了他的浪漫气质或罗曼蒂克幻想力的话，那是一种致命的伤害。

（4）不要把他的饮食偏嗜作为谈话题材。

男人最不愿别人剥夺他享受喜欢食物的权利，也不要指出他对某种食物的喜好可能导致健康受损。

（5）不要在他面前嘉许另外一个男士的成就。

男人中很多人气量较浅，在他面前提及其他男士会使他认为自己被看扁，被有意奚落。

（6）不要对他的工作进行批评。

如劝告他争取升职加薪或调换工作等，他会认为你对他的能力、野心及进取心缺乏信心。

5.做一个心态平和的伴侣

一个人生命的质量取决于每天的心态，一个人能不能得到幸福也来源于是否拥有好的心态。西方有一条格言：怀着爱心吃菜，胜过怀着恨吃牛肉。做一个心态平和的人，生活会像花儿般绽放，芳香满园。

心态平和的人，大多善良、感恩、宽容、独立、坦然。一旦拥有了这些心态，一个人无论从事什么职业，家庭是否富有，孩子是否出色，他/她都会神情自信，眼神清澈，都会用细腻的心思去感受周围的一切。他/她的生活会因此而充满温暖的氛围，身边人也都喜欢与他/她在一起，感受他/她带来的愉悦气息。一个这样的人，怎会不幸福呢？

著名女作家塞尔玛在成名前，曾长年陪伴丈夫驻扎在异国沙漠的一个陆军基地里。每当丈夫奉命到沙漠深处去演习时，她就一个人留在基地的小铁皮房子里。当地气候炎热，在巨大仙人掌的阴影下也有华氏125度。远离亲人的塞尔玛身边只有墨西哥人和印第安人，由于语言不通，没有人和她说话、聊天，她感到十分寂寞。

塞尔玛非常难过，于是写信给父母，说受不了这里的生活，想不顾一切地回家去。她父亲的回信有两行话：两个人从牢中的铁窗望出去，一个看到泥土，一个却看到了星星！

塞尔玛反复读这封信，觉得非常惭愧。这两句话永远留在了她心里，并完全改变了她的生活。于是，她决定要在沙漠中找到“星星”。她开始研究那些引人入迷的仙人掌和各种沙漠植物，又学习了大量有关土拨鼠的知识。她观看沙漠日落，还寻找海螺壳，这些海螺壳是几万年前沙漠还是海洋时留下来的……原来难以忍受的环境变成了令人兴奋、流连忘返的奇景。她还和当地人交朋友，而他们的反应也使她非常惊喜。当她对他们的陶器、纺织品表示感兴趣时，他们甚至会把自己最喜欢但舍不得卖给观光客人的精品送给她。

是什么使塞尔玛的内心发生了这么大的转变呢？其实，沙漠没有改变，墨西哥人、印第安人也没有改变，改变的只是她的心态。一念之差，将她原先认为的恶劣的生活环境变为了一生中最有意义的经历。她为发现新世界而兴奋不已，还为此写下了《快乐的城堡》一书，获得了巨大的声誉。

人一定要清醒地认识到心态在决定自己幸福感上的作用：你怎样对待生活，生活就怎样对待你。命运往往无常，权且把心放宽，换个角度看生活，生活无限宽广；换个立场待人事，人事无不轻安。

夏天的一个傍晚，一位美丽的少妇准备投河自尽，被正在河中划船的老大爷救起。老大爷问：“你年纪轻轻的，为什么要寻短见呢？”“我才结婚两年，丈夫就离家出走，遗弃了我，我一无所有了。您说，我活着还有什么意思呢？”

老大爷听了沉吟一会儿，说：“那两年前，你是怎样生活的？”少妇说：“那时我还没有结婚，真是自由自在，无忧无虑……”“那时你有丈夫吗？”“当然没有。”“那么你不过是被命运之船送回到两年前去了，有什么好害怕的？现在你又恢复自由自在、无忧无虑之身了。请上岸去吧……”

人们心理的、感情的、精神的环境完全由各自的心态来创造。有记者调查了122名患过严重心脏病的人，这些人里有的乐观，有的悲观。8年后，记者重访，发现悲观的25人中，去世了21人；而乐观的25人中，仅去世了6人。这个结论告诫我们应保持一个良好的心态。不论你有着怎样的不幸，生命还在，希望就还在，不是吗？更何况，只有乐观积极的心态才能让快乐更长久、生命更长久。

心态平和的人会始终以积极的方式回应生活中的酸甜苦辣和旦夕祸福。在缺少阳光的阴郁日子里，他/她们会对爱人说“没什么”；在失去希望的寂寞生活里，他/她们会笑着说“会好的”——这并非是放纵所有的过错，而是勇敢地安慰、抱紧、温暖自己和爱人。这样的人，如何不会得到快乐幸福呢？

6.乐于享受平淡生活

平淡的生活往往令浪漫的人觉得“乏味”，比如一日三餐，比如孩子、老人。但有句话说得好，平平淡淡才是真。婚姻需要两个人用心经营，用心呵护。

世界每天都在变，千万不能把什么都想成是理所当然的。置身于婚姻当中的人，一定要学会用感恩的眼光来看待一切。要学会享受平实的幸福、平淡的生活，并在平实与平淡中添加一些温馨的色彩。

婚姻不是纯粹的奉献，也不是纯粹的索取，夫妻双方要学会在婚姻中共同成长。细细品味，平淡的婚姻犹如一捧细沙，抓得过牢或张得过松，都会从你指缝间溜走，需要我们小心地呵护与珍惜。

夫妻间的生活犹如两盘石磨之间的磨合，不是他去适应你，就是你去适应他。你们一起经历风雨，穿越荆棘，走出沼泽，最终踏上一马平川。无论是你最失意还是最成功时，你都会发现：对方才是你最大的牵挂。

婚姻不单单是两人世界，婚姻讲求实际，就是实实在在地过日子，每天开门七件事：油盐柴米买菜难，水电住房生活费。在婚姻里，责任和理智是非常重要的，走过初始的“两人世界”，新婚的柔情蜜意渐趋淡化，“小天使”即将降临人间尤让人感到肩上的分量。

于是，婚姻之舟这才算是真正驶出了港湾。

在平淡的婚姻中，夫妻就像乘一列火车观光的朋友，在旅途上，他们相互体恤、相互照料。如果给他们的爱情打分，也许他们的激情和浪漫程度只能打60分；但如果按婚姻的和谐、持久来打分，则可打90分。也许他们的爱情永远无法建立那种爱和恨都深入骨髓的关系，可他们却能经受住各种严峻考验。你若说它平俗，它却很真实、很实用、很可靠。

当你晚年站在婚姻这座围城之巅，你会自豪地发现：你自己才是婚姻的主宰者，而你的婚姻是那么清晰、那么真实、那么叫你感动不已。原来平平淡淡才是真。这种平淡的婚姻是一种难得的豁达和乐天知命，是对现实婚姻和人的情感规律的一种透彻的认识和省悟，是值得珍惜的。和最爱的人相伴终生，真是一件非常浪漫的事情。

7.换个角度，生活永远多彩

生活如同气候，既有阳光明媚之日，亦有风雪交加之时。现实常常与我们的心愿发生冲突：期望的未必能够得到；得到的也未必是我们所期望的。是的，人生也不是那么理想的，不可能事事遂人所愿。虽然我们也辛勤耕耘，但总有一些东西往往终其一生，我们都不可能得到。与其一厢情愿地久久眺望远方的海市蜃楼，不如踏踏实实地享受身边每一份真实的幸福吧。

有句话说得好："知道自己幸福的人是最幸福的，以为自己不幸的人是最不幸的。"对一个人来说，生活中有絮絮叨叨的父母，嘘寒问暖的爱人，还有乖巧懂事的儿女，就不失为一种幸福了。所以，抛开那些无休止的欲望，它只会令人徒增烦恼。不必嫉妒别人的权势，感叹别人的富裕，因为我们的生命中也有很多让别人羡慕的精彩。

人生一世，难免要经历凄风苦雨。面对艰难困苦，保持一种什么样的心态将决定你的人生轨迹。虽然人生际遇不尽相同，但命运对每个人都是公平的。

因为心窗外，总是有泥土也有星辰，就看你能不能磨砺一颗坚强的心，透过岁月的风尘，用一双智慧的眼寻觅到辉煌灿烂的星星。

法国文学大师雨果说："世界上最宽阔的是海洋，比海洋宽阔的是天空，比天空更宽阔的是人的胸怀。"如果用一个宽大的胸怀去对人对事，世界将会更美好；如果换一个角度去看待人生的失意和不幸，生活的质量就会大大提高；只要我们多一分宽容，少一些怨天尤人，多一分友爱，少一些谁是谁非的计较，我们就会生活得更轻松，更快乐。

英国作家萨克雷说："生活就像一面镜子，你笑，它就笑；你哭，它就哭。”既然这样，我们何不笑对人生？要知道，快乐是生命的本能，也是生活的技巧。

快乐靠自己去寻觅，用快乐调节生活，生活就快乐。虽然人人有这个意识，却不一定都能做到。读书是快乐；钓鱼是快乐；跳跳舞、跑跑步、听音乐、看球赛无不是快乐；富人打高尔夫球是快乐；穷人听段相声、看场电影也是一种快乐。只要你想快乐地活着，体验和享受未来生活之美好，就不妨换个角度思考生活，换个角度看世界，这样少点绝望，多点自我安慰，才是我们面对生活的可取态度，才能看到另外一番美丽的风景。

曾经有两个囚犯，从狱中望窗外，一个看到的是满目泥土，一个看到的是万点星光。面对同样的际遇，前者持一种悲观失望的灰色心态，看到的自然是满目苍凉、了无生气；而后者持一种积极乐观的阳光心态，看到的自然是星光万点、一片光明。

只要你浪漫地解释生活，你就会因为生活没有把你逼得走投无路而感谢它的宽容。不管生活是以怎样的面目出现，我们都应该保持一颗乐观的心，拥有一种幸福的心态，快乐地生活，去享受生活。而一旦用乐观快乐的心态去看待生活，我们就会对生活中的一切心存感激。

要是烟头在你衣袋里燃烧起来，你要高兴：好在你的衣袋不是火药库。

要是一根针扎伤了你的指头，你要高兴：好在扎伤的不是眼睛。

要感谢生活，因为我们是如此平凡，却又如此幸运，正如无门禅师所说："春有百花秋有月，夏有凉风冬有雪；若无闲事挂心头，便是人间好时节。"

小测试：你们的夫妻关系理想吗?

1.在我看来，世上最为理想的夫妻关系应该是（　）。

A.双方事事如意

B.如意与不如意交替出现

C.在多数情况下如意

2.你们对于小家庭中的一些大事诸如生活安排、较大的支出、孩子教育等总是（　）。

A.偶尔商量

B.经常商量

C.一人决定

3.你和你的老公的生活属于（　）。

A.常年不在一起，难得一见

B.终年在一起，从不分离

C.时有短暂的分离

4.你认为夫妻之间经常由于某些分歧而相互拌嘴、怄气、彼此不理睬等是（　）。

A.很大的不幸

B.最好别发生

C.这不是重要的，重要的是尽早和好

5.闲暇时间，你们总喜欢这样度过（　）。

A.夫妻一起度过

B.和亲友一起度过

C.介于两者之间

6.对待繁重琐碎的家务劳动总是（　）。

A.争着做

B.推给一方

C.合理分担

7.你们夫妻对性生活的要求是（　）。

A.在可能的情况下质、量兼顾

B.只注意量

C.只注意质

8.你们夫妻对性生活的共同感受是（　）。

A.不仅是感情融洽的享受，也能激起对下次性生活的向往

B.总表现为不愉快的过程

C.仅是感情较融洽的交流

9.引起夫妻之间争吵、怄气最多的话题通常是（　）。

A.经济上的支出

B.对家庭内外一些事情的认识及处理方法

C.猜疑一方不忠诚

10.你们夫妻怄气以后言归于好的一般过程是（　）。

A.一方让步

B.互有让步

C.都不想让步，求助于外力

11.在教育孩子的基本方向和采取的方法上（　）。

A.认识一致

B.分歧严重

C.少数情况下不一致

12.经过婚后共同生活波折的考验，你感到当初你选他做配偶的决定是（　）。

A.一个失误

B.一个最聪明的选择

C.介于两者之间

计分：

1. A. 5　B. 3　C. 1

2. A. 3　B. 1　C. 5

3. A. 5　B. 3　C. 1

4. A. 5　B. 3　C. 1

5. A. 1　B. 5　C. 3

6. A. 1　B. 5　C. 3

7. A. 1 B. 5 C. 3

8. A. 1 B. 5 C. 3

9. A. 3 B. 1 C. 5

10. A. 3 B. 1 C. 5

11. A. 1 B. 5 C. 3

12. A. 5 B. 1 C. 3

心理测试说明：

47~60分——夫妻关系不理想：你们的婚姻缺乏爱情基础，即使相安无事，也只不过在委曲求全。对此夫妻双方宜做出努力予以改变。长期夫妻关系失调，感情难以沟通，即使终日相处也感觉不到欢乐和幸福，还易导致“婚外恋”。记住一句名言：“选择你所爱的，爱你所选的。”只要你们夫妻互相反省，在感情上多投资，一切或许会好起来。

23~46分——夫妻关系较理想，尚可努力：一般而言，夫妻关系还算理想，但存有若干不理想因素，你们对此不要忽略。要看到，即使当初双方起点相同也不等于有相同的终点，更不等于在生活旅途中永远美满和谐，因而有不理想的成分不应苦恼，应视为正常现象。关键是要培养共同的价值取向。价值观念一旦变化就会给夫妻关系蒙上阴影，你们对此应时刻留意。

12~22分——夫妻关系很理想：对你们来说，婚姻不是爱情的终结，而是更深的依恋。当然，有些时候，你们也可能闹点小别扭，但这不过是平静生活的小插曲，不仅无碍，还会在绚丽的生活上增加色彩。乌云过后，爱的天空更蔚蓝。

第4课

好婚姻，都是设计出来的

主题：经营

要使婚姻长久，就需克服自我中心意识。

——拜伦

“一日夫妻百日恩”，许多夫妻结婚时间越久，就越是忽视了这样一个爱情哲理：爱情之花需要经常浇水、施肥，不然，它会逐渐枯萎，直至死亡。如何给爱情时常浇水、施肥呢？简言之：爱，关心，呵护，帮助。

1.男女搭配，生活不累

一旦步入婚姻，就有很多细枝末节的事情需要操心。现代社会，夫妻双方都需要在外打拼事业，经常身心俱累。这时作为伴侣就要懂得互相关心，不要总是让对方一个人支撑着婚姻的柱子，那样对方过度疲劳，婚姻也就容易出现危机。

有位情感专家说过，婚姻是一颗玻璃球。很多人历经千辛万苦结了婚，刚结婚时，双手捧着“玻璃球”眼也不敢眨。但结婚一段时间后，开始觉得眼皮无力，双手沉重，这时只要一点点的风吹草动，“玻璃球”就会掉落摔个粉碎。

但想要维持长久的婚姻，也并非难事，那就是当一方捧着“玻璃球”的双手酸麻时，另一方能贴心、成熟地及时接手，让伴侣的手休息一下，然后彼此传递，阴阳合作，自然就可以让婚姻生生不息。

但在实际生活中，很多人做不到这一点。他/她们心里只想到自己，想自己该有的身份地位，自己应有的舒适生活，自己该有的血拼预算，自己该有的一切。一旦这些自认为该有的东西突然间不见了，就拼命怪另一半没出息或故意搞破坏，而从没想到自己是否也该为这个家尽点心力了。

有一对夫妇，结婚三年多，可以说是才子佳人、门当户对。他们两个都是上班族，丈夫是一家上市公司的中层管理者，妻子则是公务员。因为妻子的上下班时间较固定，因此没结婚前，丈夫就把新房买在离她上班近的地方，一切都尽可能地为她考虑。

婚后，妻子提出丈夫有养家糊口的义务，要求丈夫负担房贷和水电杂费，生活费则是一人一半，丈夫没有反对；妻子又说，基于平等原则，丈夫也要帮忙家事，丈夫也没有反对。新婚生活就这样开始了。起初还好，但随着丈夫背负的压力愈来愈大，夫妻两人的步调就不能一致了。

后来，公司对丈夫的职业表现很满意，有意提拔他，丈夫自然也希望赚更多的钱，让家里的财务状况宽松一点，表示愿意接受栽培。就这样，高层开始交付给他很多重要的企划。他忙到除了天天加班外，还要应酬到凌晨，连节假日也不得休息，还要跟客户打球、拉关系。

然而，妻子并不认为丈夫的事业很重要，也想不通他为何要自找苦吃。她仍坚持要过她平稳优雅的生活，坚持丈夫还是要承担一半的家务。因此，她经常只做她自己该做的家事，甚至不洗丈夫的衣服，只洗自己的衣服。早上妻子起来做早餐，但丈夫醒来吃早餐时，妻子早就出门上班了。上班的时候，妻子从来不主动打电话到公司关心他的健康和工作状况，等丈夫半夜拖着疲倦的身子回家时，她早就入睡了，即使丈夫很想和她说几句话，也因不忍心而作罢了。像这样的同居却不相见的日子，持续了一阵子。

终于有一天半夜，丈夫一个人默默地吃着餐桌上的冷饭时，突然很希望有个人坐在旁边，跟他说说话，慰问他一天的辛劳，或听他发发牢骚。想着想着，他心里突然涌起一股莫名的失落感。这时他和妻子已经快有一个多月没有好好地聊聊天了，他想这样的生活还能叫作夫妻吗？之后他喝了点酒，借着酒劲索性就把妻子从睡梦中叫起来，想和她说说话，结果妻子恼羞成怒，怪他破坏了她的生物钟，骂他莫名其妙，两人因此大吵了一架。

丈夫又气又伤心，找同事出去喝酒，同事听说他想找人倾听自己的心事，就带他去酒吧狂欢。就这样，酒吧成了丈夫宣泄情绪的地方。他夜夜笙歌，和那些眼里只有钱的酒吧女往来，家也不怎么回了。这些荒唐举动被妻子看在眼里，除了抱怨、指责外，她一点也不知道检视一下自己的行为。

几个月后，丈夫因公司警告才决定不再留恋这些声色场所了。但他和妻子也已无法回到刚结婚时的样子。虽然妻子表面上不发作，但心底早已划出了一道又深又宽的鸿沟，是他们两人谁也无法再跨越的——他们变成了两个面面相觑、无话可说的人。终于有一天，妻子早上醒来的时候，发现床头有一张离婚协议书。

其实，造成这个结局的很大一方面原因是做妻子的不够关心丈夫。女人应该知道，自己再忙，也要时不时走入男人的世界，和他聊聊天、交交心。哪怕一周只有一次或两次也好，或者找一天早点睡，半夜时再起来陪丈夫聊聊天、吃吃消夜。或许时间不多，即使只有几分钟，但无形中等于接过男人手中的“玻璃球”，男人也会恢复信心和战斗力，继续为这个家而奋斗。这做起来并不难，却是维系婚姻幸福很重要的一条红线。

男人其实是单纯又微妙的动物。因为单纯，所以很好搞定；因为微妙，所以只要多用点心，就可以察觉和洞悉他的心。工作不顺利或心慌意乱时，男人回到家就会想找妻子聊聊天，心情自然就好转起来；承担重任和压力时，男人的情绪会因不安而亢奋起来，因此他们也常常会对妻子吹吹牛，说自己多厉害。这时妻子如果体贴地说：“要加油哟！嗯！我就知道你很厉害……”那男人内心的不安和浮躁也会自然而然地消失，斗志也会源源不绝地涌出来。

男人最希望的就是能娶到一位聪明、贴心的妻子。这样，不管他的双手有多酸、压力有多大、心里有多沮丧或恐惧，只要有这么一位妻子在身边打气，他都会坚持到底。

2.平衡好家庭和事业的关系

工作和家庭几乎构成了我们生活的全部。而个人的价值观不同，对它们重要性的判定也会大不同。

身在这个竞争激烈的社会，谁也无法避免激烈的竞争和无所不在的压力。现在的职业女性所面临的问题越来越多，越来越难。这些问题不仅仅涉及单纯的技巧，背后还有复杂而深刻的原因，而且大多数都起源于或反映在日常生活中。因为每位女性在社会中都拥有多重身份，肩负着工作和生活的重任，忙活着大大小小的事情。

同一个女人，在不同的时间和场合，她的身份和职责就会截然不同：在工作场合，身兼助理和主管的责任；回到家里，既是妻子也是女儿……每种角色所承担的责任、发挥的作用，以及体现的个性可能完全不同。

实际上，一个女人要在事业、家庭和人际关系之间建立平衡，彼此并不互相矛盾，完全可以相互兼顾。无论是事业、家庭，还是朋友圈、社交关系，我们都需要费心费力好好经营。事实证明，拥有事业的女人同时也能够拥有美好的生活。只有对生活充满热爱，对工作富有激情，才是美好的人生，关键是女性自身对生活、感情、事业的态度以及扮演角色的技巧和成熟程度。

女人要在不同的阶段、身份、地位中扮演好不同的角色，在每一个舞台上都做一个“好演员”，发挥出各个角色特定的个性，实现各种角色特有的价值。这正是女人获得幸福的不二法门。

那些在事业、工作、家庭、朋友之间，不仅会力所能及地完成自己的事情，尽到自己的本分，而且还能够全心全意、尽职尽责地付出的女人，无论在哪个舞台都会是最出色的演员，最闪亮的明星。

人的精力毕竟是有限的，现实生活中，一些职业女性该如何面对工作和家庭的双重压力，平衡家庭和工作之间的关系呢？这里，给你几个保持平衡的小窍门：

（1）注意那些给你带来压力的事情，并尽量把它们减到最小。减压的方式有很多，比如练瑜伽，听音乐等。

（2）在头天晚上就计划好第二天所要做的一切，不要等到第二天还分不出事情的轻重缓急，误了事情，会让你的情绪变得很糟糕，而带着糟糕的情绪工作是没有效率的。

（3）你不仅应该休息，还需要休息。会休息的人才会工作。

（4）家务活分配给所有的人，即使是年龄小点的孩子也能做点什么。不要任何事情都亲力亲为，这会让你因为疲劳而精神不佳。

（5）经常和丈夫保持沟通，一定要取得他的支持和理解，这是维持家庭和睦的关键因素。

（6）雇人照顾孩子，夫妻俩每个月至少出去一次。哪怕仅仅是去郊外兜兜风。总之，一定要有和爱人独处的时间和空间。

（7）没有特殊情况，周末尽量不工作，因为你不能把所有的时间都给工作，要给家人留一些。

（8）平常不做饭的女人，最好能回归厨房，给丈夫和孩子做一顿好吃的，让他们感觉到你的爱。

（9）学会忙中偷闲，不要一工作就忘记了丈夫和孩子。比如，你在公司的时候，丈夫不舒服了，你一定要记得打电话问候，否则你就显得有点“无情”或“冷血”了，这可不是男人喜欢的风格。

（10）养成锻炼身体的好习惯，把做美容的时间匀出一点做锻炼。身体是革命的本钱，如果身体垮了，一切都成过眼烟云了。

（11）好好管理时间，既然你已经走在了家庭与事业的平衡木之间，时间已经严重不够用了，所以一定要好好管理和合理分配有限的时间。

3.贤妻良母是伟大的职业

对于女人来说，事业和家庭是生活中重要的两大组成部分。只有事业和家庭平衡，才不会失重。而一部分居家型女人，会选择从家务中找到新的工作方式和乐趣，并以使家庭温馨、平和为己任。

随着社会经济的发展，人们的价值观念发生了很大变化，一些人开始不屑做居家好女人，认为做一个家庭主妇太没出息了，其实这完全是误解。正如社会学家在谈到家庭主妇的价值时曾说的：“只是一个家庭主妇——喔，老天！这就好像在一个国际会议里听到一个男人说，‘不必为我操心，各位先生，我只不过是美国总统而已。’”

所以，做居家的女人应该感到自豪而不是自卑，因为你所扮演的角色，在一周中所需要的各种才华甚至比专业演员表演需要的技艺更多。作为一个家庭主妇需要具备如下技能，即她必须是洗衣工、厨师、裁缝、护士、保姆、打架专家、购物专家、公共关系专家、人事主管、牢骚发泄对象、总经理和顾问，甚至要成为兼职司机、书记员和记账员。

而且光具备这些技能还不够，居家女人还必须保持自己的魅力，以免丈夫“红杏出墙”，试问，即使一家身价过亿的大老板也不能完全做好上述统计的工作吧，而居家好女人就能做到，而且做得相当完美。

所以，做好居家好女人的确不简单，任何一个居家女人都应引以为傲。

玛丽妮亚·范韩与佛狄南·伦德柏格在他们的著作《女人——被忽视的性别》中说：“研究结果显示，由于妻子在家里做了大部分的工作，便不必再雇请别人了，因此，丈夫收入的有效运用价值，便增加了30%~60%。”

世界知名成功男人之所以取得令世人瞩目的成就，往往与妻子的帮助和支持密不可分，这些妻子都认为做好居家女人是非常崇高和有意义的。如曾就任美国总统的艾森豪威尔的妻子玛密·多特就是居家好女人的杰出代表。

玛密·多特·艾森豪威尔在接受《今日女性》杂志专访时曾说：“生命带给女人的最伟大职业，就是做个妻子。”在这篇专访中玛密·多特·艾森豪威尔坦诚了她对做个居家好女人的看法：

“洗小孩的袜子和全家人的脏衣服，这是令人很厌烦的事。一个家庭里有做不完的琐事，有时候看起来就像是一些可有可无的小事，尤其当你的丈夫从外面带回来许多重要的消息并问你‘亲爱的，你今天做了什么’的时候，而你所能说的只是‘唉，我今天交了水电费……’

“就是这些时刻，你一定很想到外面找个工作，融入人群中，同时赚些外快，但是如果你不向那个诱惑屈服，你的生命可以获得更多的回报；如果你向诱惑屈服了，20年后你将发觉你自己除了一个职业以外，什么东西也没有，或是你会发觉，你的家庭一直是被你和你的丈夫所遗弃，不知道该如何去珍惜它。

“如果我现在才结婚，我还是愿意像以前那样做家庭主妇。我将会努力去做，善用我丈夫微薄的薪水来料理家务，多结交一些朋友，每天早上都看着他吃完热腾腾的早饭以后去上班，我要尽我最大的能力帮助他实现任何理想。

“做居家好女人是我的工作和我的乐趣，想尽办法尽我的能力，使艾克的家庭永远保持平衡和安定，这是我感到最奇妙、最有价值、最繁忙而最快乐的生活。”

作为居家好女人，玛密·多特·艾森豪威尔做得相当出色，因为她曾经帮助丈夫踏入了美国最有权力的房子——白宫。

4.营造一个温馨舒适的家庭环境

很多人全心全意所追求的，就是一个温馨的家，要为爱人和孩子提供一个温馨的港湾而努力！

从走进婚姻的那天起，我们就担负起了对家庭的责任和义务，与爱人共同为这个温馨的港湾祈祷和祝福，为了营造幸福的家园而努力着。不管贫困或富裕，不论艰难与坎坷，共筑家的港湾，让这艘爱的航船驶向人生的终点是每一对夫妻共同的祈盼。

家是我们的避风港，是让我们身心最为放松的地方，切不可以用自己对家庭的清洁标准来要求爱人也要保持地板一尘不染，不能陷入自己的家庭工作成就中，要明白作为一个好伴侣，要为爱人创造出一个充满温馨、安全和舒适的爱的小巢。

保罗·柏派诺博士是洛杉矶家庭关系协会会长，他相信家庭应该是我们的避难所，使我们从业务的麻烦里得到安宁。在现代日趋激烈的社会竞争中生活，并不像野餐那样轻松愉快，我们必须整天和对手竞争，在各种情况下都是，到下班铃响的时候，我们渴望安详、和谐、舒适、爱情……在公司里，大家都盯着我们是否出错，而回到家后，如果能得到爱人的宽容和呵护，享受其乐融融的家庭生活，我们就能恢复精力，在第二天早晨精神饱满地出门。

可见，营造美好的家庭气氛是多么的重要，关系着我们每一个人在成长和发展。

（1）营造欢乐祥和的家庭氛围。

作为伴侣，你当然不希望爱人成为工作狂，但是又希望他/她能在工作中有良好的表现，如果你能创造出一种快乐祥和的气氛等着他/她回到家里来，你就能够使他/她既不会成为工作狂，又能获得好的业绩表现。

社会竞争日趋激烈，每个人在工作中都会感到扑面而来的压力，因此在劳累紧张了一天后，家就成了我们最企盼的放松和休息的地方。

（2）让家清洁又舒适。

乔治·凯利的《克莱格的妻子》之所以会受到欢迎，就是因为现实中许多女人都很像女主人公哈丽莱特·克莱格。在剧中哈丽莱特生活的主要重心就是保持家里的纤尘不染，她甚至连坐垫放错也不能忍受，丈夫的朋友来访并不受欢迎，因为他们会把东西搞乱。而她认为在我们眼中很正常的她的丈夫是个破坏专家，因为她的丈夫经常扰乱她所创造出来的完美。

显然，这个妻子的做法是非常不明智的，如果让丈夫在家中也感到紧张，不可能养精蓄锐去为明天奋战。

男人大多不拘小节，以方便舒适为最大原则。聪明的妻子要明白，当你的丈夫对你辛苦布置好的家造成破坏时，很可能是因为你的布置方式没有体现方便舒适的原则。如当丈夫把报纸满地乱丢时，可能是茶几太小或是上面堆满了装饰品，他根本就找不到地方放报纸，这时你就应该重新考虑一下你的布置方式。

任何一个丈夫都希望自己的家干净整齐，对于男人来说，自己可以不拘小节，但别人可就不能这样了，尤其是自己的妻子、自己的家。

（3）聪明的妻子会让丈夫在家里做国王。

男人对家庭的关心与女人是同样的，但他们需要一种这个家里没有他们就不完整的满足感，所以聪明的妻子要充分理解和掌握男人的这种心理。

例如，家里需要添置一件新家具时要认真地与丈夫商量，共同决定。又如，丈夫想亲自下厨做菜，可以在星期天晚上让他在厨房里自由发挥，虽然他会留下满是污渍的杯盘碟碗让你为他清洗。如果不能让你的丈夫有上述的满足感，那么家庭生活肯定不会和谐。

所以，家是夫妻双方共同的休息所，聪明的妻子会让丈夫在家里觉得自己像个“国王”，从而为家庭做出更大的贡献。

5.培养双方共同的兴趣

肖磊在描绘自己与妻子沉闷的婚姻生活时，经常会这么说：“每个晚上，我不是出去散步，就是在书房看报纸，老婆则没完没了地看肥皂剧。要是哪天有我喜欢的球赛，我就在办公室或酒吧里消遣一个晚上。我们互不干涉。”

可以想象，这样一对夫妻的感情生活是多么单调和平淡。如果一个人兴趣单一，对伴侣所向往的生活缺乏必要的理解和接纳能力，那么他们在一起时，难免会懒洋洋地打不起精神。一个不能调动起爱人的情绪，激发他们爱的人，实在不能算是有魅力的伴侣。

“在成功的婚姻生活里，”美国情感专家史坦因·梅兹在文章中写道，“比起夫妻两人本来就相同的兴趣和习惯来说，学会适应对方的兴趣是更加重要的。”

埃及艳后克丽奥佩特拉是一位很会适应爱人兴趣的女人，她虽然从没有学过临床心理学，却精通不少支配别人的方法——尤其擅长支配男人。

克丽奥佩特拉的爱人马克·安东尼喜欢钓鱼，于是喜爱奢侈豪华的她就不举办大宴会了，而是跟安东尼一起去钓鱼。有一次，安东尼花了很长时间都没有钓到一条鱼，克丽奥佩特拉就叫仆人潜游到水底，把一条大鱼挂在他的鱼钩上，跟他开了一次成功的小玩笑。

为了博取安东尼的欢心，克丽奥佩特拉有时候还化装成平民，然后这一对皇亲贵族就跑到城内的下级赌场和贫民区去狂欢作乐一番。总之，安东尼所喜欢做的每一件事情，克丽奥佩特拉也都表现出很欣赏，两人自然相处得很愉快。

也许克丽奥佩特拉的美色不是最出众的，但她对异性的吸引力却无人可比。这里面的奥秘恐怕就是，她会跟爱人携起手来，共享一切可以得到的快乐。

佛罗伦斯·梅纳德太太住在纽约州北部一个小镇里，是一位平凡的为人妻者。在最初的十多年婚姻生活里，她辛勤地料理家事，但总感觉缺少了什么。后来，她终于发现缺少的是伴侣亲情——她和丈夫极少有共同的兴趣和爱好。于是，她决定采取行动改变这种情况。

“我的丈夫最喜欢职业曲棍球，因此我的第一步是培养自己对这项运动的兴趣。”她说，“在我搞清楚曲棍球是怎么一回事之后，发现自己也对这项运动产生了真正的兴趣。很快，我就跟他一样热切地赶去看曲棍球赛，还记住了曲棍球赛的电视转播时间。就这样，我不仅欣赏到这项令人感到兴奋的运动，替自己找到了新的活动，更避免了在我丈夫享受这项运动的时候，一个人无聊地坐在家里了。

“从曲棍球开始，我后来又接二连三地找到了其他一些兴趣，现在我跟我所嫁的男人生活得非常快乐、充实。”

在男人眼里，一个能参与到他的生活里，与他共同分享兴趣的女人，不仅仅是他的爱人，也是他的朋友和知己，这是夫妻之间最为和谐、最为牢固的一种亲密关系。

分享爱人的生活兴趣，并不意味着放弃自己的生活。事实上，当你和他一起沉醉于某项兴趣中的时候，你会发现，自己的眼界也会随之开阔，心胸也会随之豁达，自己也会更加幸福。

6.让爱情的保质期无限延长

古语有云：入芝兰之室，久而不闻其香。这就像面对一盘美味佳肴，初次品尝时，你会有很强的欲望，但当你第二次、第三次、第四次……再见到相同的美味时，你就很难再有食欲，甚至会感到厌恶。确实，再好的东西，时间久了也会失去新鲜感和吸引力。

其实，爱情就像这盘美味，每天面对它，如果一如既往没有变化，你就会渐渐觉得枯燥无味。幸好这种枯燥无味的状态不是无法改变的，有些时候，我们使用恰当的方式就能让爱情保鲜。虽然这不像给玫瑰花瓶里放两片阿司匹林那么简单，但用心的人不难做到。

（1）让自己永远新鲜。

天生丽质的女人真的不多，那些得到异性青睐的女人也未必都花容月貌，个人特色与魅力才是令人倾心的关键。如果镜中的你看起来有点糟，那就赶快调整形貌，以饱满的自信去迎接爱情吧！作为女人，我们当然渴望自己所爱的男人永远像热恋时那样对待自己。其实，只要你用心就不难发现，适当地变化一下自己的造型，就能给男人的眼球更多的视觉效果。如果你化了淡妆，换了新发型，买了件新衣服……男人在他一进家门时就会发现你的变化，他会像欣赏一件艺术品一样从头到脚打量着你，然后笑眯眯地说："这个妆是为我化的吧！这个发型很时尚！这件衣服很漂亮！"一个简单的变化在男人看来却是很重要的，那样他会认为你在用心经营着你们的爱情。

（2）给爱情放个假。

人人都有疲劳的时候，在疲劳的状态下，爱情就会自然变得平淡了。其实生活就是平平淡淡，我们不能因为一时的平淡就放弃爱情，何不让爱情好好放个假呢？例如，在周末时带上孩子一起去郊游，赏赏花，拍拍照，享受大自然的气息。那一定会留下很多美好的记忆，天伦之乐也会让他忘记所有的疲惫。

（3）给爱人来点小惊喜。

小惊喜是平凡生活的点缀品、调味剂，生活因为有了惊喜而变得更加精彩美好。只要肯花一点心思在你爱的人身上，你会发现当对方接受到惊喜的那一刹那，你也同样感到无限的快乐。

一般来说，男人最乐意接受的惊喜方式有：下班回家，等待他的除了妻子，还有一桌丰盛的晚餐；在他生日的时候，你送了他盼望已久的礼物；假期之前，你先于他打理好了旅行的线路及往返机票，让他只需出席即可；他出差归来，嘴上说不去接他的你在他走出机场的时候，漂漂亮亮地站在人群中，一眼就看到你的他于是幸福感油然而生。

（4）第一时间保持联系。

短信、电话、网络的及时，能产生爱人在身边的感觉。而一旦失去联系，不能及时沟通，就会让对方产生陌生感。如果给对方发短信或打电话得不到回应，你肯定感到焦急甚至有些愤怒了，但是这时你一定要镇定，继续安心做你的事，要理解他的不回应，必定有他的不方便。要是对方给你打电话或发短信，无论再不方便，只要有可能，都至少给他回个短信别让他着急。

有时，还可以玩点小花样，在他空闲时为他发一条幽默短信，想必会让他一整天都沉迷在甜蜜中。比如，“你是活蹦乱跳的青蛙；你是多愁善感的乌鸦；你是出淤泥而不染的地瓜；你是我心中红灿灿的大虾；我想轻轻地问候你……正在看我短信的小傻瓜：今天快乐吗？”

只要把握好以上四点，相信你一定能成为一个幸福的人。

7.对于爱人的付出，要学会感恩

每个人都有被尊重的愿望，我们的伴侣也不例外。当我们结婚后，爱人在陪我们看电影时，送花时，甚至每天早晨替我们倒垃圾时，都会期望得到我们的赞扬和感谢。如果我们对伴侣所做的一切都视为理所当然而不加以致谢，无疑会挫伤对方取悦我们的积极性和行为。

在一场央视举办的业余歌手选秀的活动中，李芳是最后一位出场的选手，她演唱的歌曲是经典老歌《知音》。说实在话，她的歌声并不动听，演唱水平也很一般，但她唱得很动情，很投入，脸上一直挂着如花的笑靥。看得出，她是深深陶醉其中了。

观众席上，她的亲友团高举着一个标语牌，上面写着：

“李芳，李芳，成就梦想。”莫非登上央视的舞台是她最大的梦想?

但接下来，她对梦想内涵的解释大大出乎观众的意料。她说她的梦想是寻找一个合适的机会，为她的老公唱一首歌，表达对他的感谢，因为结婚三十多年来，老公一直接送她上下班。她很感激老公三十年如一日的付出，现在终于登上了央视的舞台，当着全国观众的面为老公演唱，用歌声表达对老公的感激之情，她孕育多年的梦想终于实现了，所以她在条幅上写下了“成就梦想”的字样。

在李芳演唱时，台下有一位警官认真地听着，他的脸上洋溢着幸福的笑容，他的眼睛里闪烁着激动的泪花，他是李芳的老公，他在李芳动情的歌唱中感受着爱的幸福。当李芳对主持人李咏述说完演唱的初衷，警官激动地站起来，对妻子深情地表白：“李芳，我爱你。”妻子的一曲感谢歌，让老公三十多年来接送妻子下班的辛苦顿时化为乌有，心里沉淀下来的，只有甜蜜。

现实生活中，很多人其实每天都在为爱人和家服务，但爱人却没有察觉，因为他/她们对对方的这些行为早已习以为常了。

莉莉经常抱怨她的老公什么也不帮她，既不会给小孩换尿布，也不会拧紧松掉的水龙头。然而，有一次老公去美国洛杉矶出差，她才很惊讶地发现，她的老公其实每天为她做了许多琐事，这一走才发现了她老公的“价值”。

这个事例提醒我们，面对爱人一点一滴的付出，不要以为它们都是理所应当的。可能有些女人想当然地认为：“一纸婚约让他成为我生命的另一半，他就有义务为我做任何事。”所以，对老公给予的一切，她们都心安理得地接受，大手大脚地花着老公给的钱，买时尚衣服，买名牌化妆品，把自己打扮得新潮时尚，却从不问及他在外工作是否辛苦，遇到过哪些困难，是否需要妻子的帮助，更别提对他的付出说一声简单的“谢谢”了！

但愿李芳对老公表示感谢，给一些女人的心安理得敲响警钟——夫妻之间也要言谢，这是对老公的最起码的尊重，能让他感觉到他的付出是值得的，能让他找到为所爱的人继续付出的动力，能让他在一声甜蜜的“谢谢”里体会到被爱的幸福。夫妻之间言谢，是呵护爱情和婚姻的最好方式。

所以，聪明的伴侣要珍惜和鼓励爱人的任何一个微小的帮助，不要一味心安理得地索取，怀一颗感激之心，对爱人经常说一声“谢谢”。如果对于“谢谢”实在难以说出口，也可以把对爱人的感激一点点积攒起来，化成爱他/她的行动。这样，才能让对方“越战越勇”，爱情的温度也才会越来越高，婚姻关系也才会越来越牢固。

小贴士：别戳破丈夫善意的谎言

情感专家们普遍认为，当男人的谎言是为了家庭的和平时，做妻子的最恰当的态度就是“糊涂”。大多数男人在掩饰或者表现自己的时候都是捉襟见肘的，但聪明的女人都乐于相信或默认他们的片面之词。面对男人那一堆一堆的爱情诺言不做批驳，反而十分认真地从中寻找被爱的温暖和幸福，这些聪明的女人们一方面佯装糊涂，一方面却又体味着爱情的甜蜜。

谎言1：“亲爱的，那件衣服看上去很不错！”

撒谎原因：避免争论。

男人为什么喜欢撒这种无伤大雅的小谎？有时可能是不愿意伤害你的自尊心，比如他们经常说的：“你穿这套衣服并不显胖啦。”有时也是为了不给他们自己找麻烦、找活干，生活得更轻松，比如：“我觉得那墙纸看起来棒极了。”还可能是为了避免让你产生误解或引起不快：“辛迪·克劳馥是挺性感的，但她不是我喜欢的类型。”

谎言2：“没问题，我能修好。”

撒谎原因：维护自信心。

无论是家里的电脑、手机，还是排水管道、自行车轮胎，总有那么一些男人觉得自己必须事事精通，全知全能。如果一个男人不能修好这些东西，他一定会撒谎说已经完全坏了，根本无法再修了。因为一旦他承认失败，而让他的妻子来修理的话，他会觉得自己以后再也抬不起头来了，不像个男人。

谎言3：“没什么不好的事情。”

撒谎原因：宁愿独自一人默默舔舐伤口。

男人也会有悲伤、沮丧、幻灭的时候。对女人来说，男人的孤独似乎为她们提供了一次亲密的良机和理想的安慰，但我们诚心实意的关心，往往只能让他们感到自己的弱点更加暴露无遗。这就是当我们想为他们分担忧虑时，他们却立刻缩回自己壳里去的原因。请务必记住，对男人而言流血是光荣的，拒绝使用创可贴是神圣的，所以他们会选择用谎言来掩饰自己，从而避免令自己不堪的谈话。

谎言4：“我发誓，我给你打过电话。”

撒谎原因：自卫。

绝大多数的男人都自以为是完人，至少也是超乎一般的好人。他们认为，既然自己已经为女人放弃了美妙诱人的单身生活，就实在搞不懂她们怎么会对我们大失所望呢！所以，当女人因为男人约会迟到，或者他忘了给你打电话，或者没能赶在药店关门前为你买到止咳丸而心怀不满、抱怨不休时，他就只有用撒个小谎来应付了事了。

谎言5：“哈哈，我是最好的。”

撒谎原因：让你觉得自己嫁有所值。

男人在描述他们的冒险经历，或者他们在工作中举足轻重的地位时，常常有些言过其实。他们这样做的原因不仅是为了提醒女人，你们算是嫁对人了；更重要的是粉饰自己的履历，为了时时提醒自己那令人怀疑的大男子主义。男人不能忍受自己处于随大流的水平——干着随大流的活儿，拿着随大流的报酬。尤其他们每天还得在电视广告上看到那些气度非凡的男人，因此说说大话只为让自己感觉好点而已。所以，当他告诉你“是我强迫他们解雇我的”，你最好把它当成一个十足的真话！

谎言6：“我过去的女朋友？很一般的，就那么回事。”

撒谎原因：自我保护。

他们过去的女友有多好？有多美？妻子有权知道真实情况吗？有些问题他们不愿回答，要是他们在结婚之后便一点隐私也没有了的话，他们会觉得被人剥光了衣服，而过去的情感正是他们最安全的隐私地带。当那些隐私观念较强的男人面对这样的问题时，可想而知他们的敷衍了事了。

谎言7：“我永远也不会对你撒谎。”

撒谎原因：以便日后能快乐地生活。

因为有时女人真正想要的就是好莱坞电影似的对白，所以男人不得不说这些使女人消除疑虑的浪漫话语。至于他真能做到吗？他是否有过撒谎、回避、夸夸其谈？他会遵守对重要事情的诺言吗？这要看他的本质和你们婚姻关系的牢固程度。也许，你要用一生时间来寻找答案。不过有一点可以肯定，他希望有一个好莱坞电影式的幸福结局，而你呢？

第5课

爱不是占有，也不是被占有

主题：独立

你若爱她，让你的爱像阳光一样包围她，并且给她自由。

——泰戈尔

虽说在婚姻中，很多人都认为：你的就是我的。但令人失望的是，空间和关系似乎永远成反比——对爱人抓得越紧，夫妻间的关系就越容易出现问题。所以想要夫妻和睦，倒不如少些猜疑，给对方多一点儿个人的小空间。

1.夫妻就是要亲密“有间”

有种说法是，男人为什么不愿意带自己的老婆去参加朋友聚会呢？原因在于不想让她接近朋友的老婆。婚后的女人在一起讨论得最多的就是婚姻经验，什么“防小三儿秘籍”，雇佣私家侦探跟踪老公，在老公的袖口上装针孔监视器，这些事儿都是在这种聚会上相互为对方出的招儿。

有一个离婚案例，双方感情并未破裂，恰恰相反，是因为爱得过深离了婚。为什么呢？原因是双方都太爱对方，总想把对方牢牢地拴在自己的视线里，再加上两人都有较强的猜疑心理，最终因为夫妻之间相互捆绑得太紧，以致感情窒息而亡。

夫妻之间的相处，有时就跟吃饭一样，别吃得太撑，给胃里留点儿空间，你舒服，胃也舒服，顿顿吃撑，胃落下病，你也不好受。这里面就包含一个度的问题。我们应该学会把握婚姻关系中的距离，有度才有长久。不要时时监控对方，也不要容忍被对方监控。

夫妻要亲密有间，适当为对方留点儿距离，留点儿空间。

虽然结婚了，但彼此还是独立的个体，可以适当拥有一些自由的私人空间、自己的朋友、自己的爱好、自己的事业等。如果每天总是“盯着”“看着”“防着”“握着”，把婚姻“抓”得太紧，渐渐地，家庭不但不会带给彼此放松和快乐，相反会成为彼此的负担。

在接受一些心理咨询时，一些女人谈到与自己老公感情破裂的原因时，常常后悔地说：都是平常没看紧他，才导致双方的感情逐渐疏远的。其实恰恰相反，很多时候家庭破裂的原因往往来自双方将对方看得太紧，两人之间缺少自由活动的空间。

夫妻生活就像两个人跳舞，两个人不要挨得太紧，有时甚至还要放开手，才能跳出赏心悦目的舞步。如果两个人恨不得黏在一块儿，可以想象跳出来的舞蹈是什么样子。所以，夫妻之间相互留有自由空间非但不会使感情破裂，相反会使夫妻感情越来越紧密。当然，这里的自由空间是有一定“度”的，没有“度”的自由空间也是绝对不可取的。

大文豪莎士比亚有句名言：“最甜的蜜糖，可以使味觉麻木，不太热烈的爱情才能维持久远。”一项社会调查认为，每周见一次面的夫妻感情最好，关系最稳定。有的婚姻专家还建议，夫妻可以适当地分床睡觉，既有利于休息，又会使夫妻双方保持各自魅力，让彼此间的爱情在若即若离、不冷不热中久远维持。无论是分床睡，还是固定时间见面，这些都是双方留给彼此的“物理空间”，就是可以用计时或计量单位衡量的空间。

蛮缠下去，一两次可能还会奏效，时间一长，难免他会认为你不讲理，难伺候，从而心生厌烦。所谓夫妻，不能单方面地依赖，只有在生活上、工作上和精神上相互扶持，才能保持两性关系的平衡。

8.聪明女人既会示弱，也懂得保持自我

千万不要以为示弱的女人没有本事，她们虽然低头，但不是一味低头，那些一味低头的女子才是真正弱女子，示弱的关键在一个“示”上。在高情商女人的爱情宝典里，聪明的女人适时流露出天真和弱小，她将收获诸如呵护、疼爱、帮助、信任等一系列的良性结果。

聪明的女人懂得什么时候应当妥协和让步，什么时候应当保持自我，以激发起男人更深层的爱慕。

看过电影《美国之旅》后，谁都不会忘记这样一个情节：直到婚礼之前，王子才在圣殿上认识了他漂亮的未婚妻。王子把新娘带到后面的房间，问她：“你喜欢什么？”她回答：“凡是你喜欢的，我都喜欢。”接着，她的回答越来越恭顺。再下来，王子让她学狗叫，还要求她单脚跳着叫。就在她一一顺从的时候，他意识到，他不能让这个婚礼继续下去了。

男人需要有自己头脑的女人。需要你的观点。如何表达你自己，将让他知道你是否有自信。你要让他明白，你有能力承担彼此之间的契约。如果他甩给你一句废话，你就立刻还以颜色。他会尊重一个能跟他睚眦必报的女子，一个能把握自己的女人。

如果你感到有什么事难以接受，你一定要把它表达出来，而且不要担心你这样做的后果。假如他问你："想看什么电影？"你不要总是让他决定。你不妨说："喂，我已经耐着性子跟你看了两部枪战片了，所以，我今晚想看一部爱情片。"男人喜欢能说出心里话的女人，一个男人直截了当地说："我认为，大部分男人并不介意女人在家里做主。只要没有外人知道就无所谓。"

做妻子的，可以给男人一个面子，但如果把骨子里的东西也丢了，就是那种棉花糖般的女人了——也甜美，也细腻，却没什么内容，男人在短暂的欣喜之后，很快就会失去兴趣。对于长期的人生伴侣，男人需要的是一个能与他们演对手戏的女人，他们私密的心声是这样的：

"如果一个女人总是表现得非常甜蜜和乖巧，就会使人厌烦。"

"如果男人认为一个女人很愚蠢，就不会那么认真地对待她的关注，因为他根本不尊重她的意见。如果她的确很聪明，而且做事情很有条理，我会觉得自己得到了很有价值的东西。”

“她不会屈服于任何事情。虽然当时我会抱怨，但是我不得不承认，她身上的这一特性确实让我兴致盎然。”

“我知道自己应该受到某种限制，我喜欢让我不敢越轨的女人。如果一个女人能够得心应手地利用自己的力量，或是敢于大胆地打破现状时，她会显得非常性感。”

“男人尊重敢于挑战不公正待遇的女人。”

“我用一种平等的眼光看待女人，因此我喜欢动用我的智力，以一种有趣的方式彼此较量。我喜欢通过玩笑或幽默向我发起心理较量的女人。这可能是一种十分有趣的较量。”

在两性关系中，男人可以因为一时的感动怜香惜玉，也可以因为高高在上的感觉而不计较女人的是非，但这一切都不是非常牢靠、一成不变的，如果你想获得老公长久的欣赏和爱恋，必须以对等的身份站在他的面前。

要知道，幸福的女人，同时也是一个自主的女人。当然，这里所说的自主女人，不是那种嘶哑着嗓子说话的女人，也不是一个生硬或粗暴的女人，而是彬彬有礼的，是清丽可人的。她可以跟男人坦诚相见，男人与她打交道，比起与卿卿我我的，或是非常情绪化的女人来说，反倒更舒服些。自主的女人知道自己想要什么，也知道适时地表达出她的需要。

小贴士：爱情需要适时打个盹儿

有一个很老的寓言故事。

一个女孩在结婚前问她的母亲：“在婚姻里，我应该怎样把握爱情呢？”母亲没说什么，只是找来一把沙，递到女孩面前。女孩看见母亲手里的沙子，没有一点儿流失。接着，母亲开始用力将双手握紧，沙子纷纷从她指缝间落下，握得越紧，落得越多，待母亲再把手张开，沙子已所剩无几。女孩看到这里，若有所悟地点点头。

感情其实也是受神经递质影响的，某种感情经常被使用，感情本身也会累，就好像人疲惫时需要睡个觉休息一下，感情也需要适时地打个盹儿。为什么会有“魂牵梦萦”这个词，就是因为感情去打盹儿了，爱人心中有了空缺，缺口需要一些新的感情来弥补，于是在自己脑海里就开始了对爱人的思念，思念多了，梦里都是，就成了魂牵梦萦。

感情累了，就让它歇一歇，让它有时间去恢复体力。它需要维系在夫妻间，但它并非夫妻间唯一的维系物，也并非生活唯一的内容。很多时候，夫妻双方还各自承担着自己的社会责任和家庭责任，你需要腾出一部分精力去做一些对社会、对家庭有意义的事情，当你有能力解决家庭中的实际问题时，感情才会有最稳固、最可依赖的生存载体。

第6课

我们，配得上更好的

主题：成长

如果你爱一个人，先要使自己现在或将来百分之百地值得他爱。至于他爱不爱你，那是他的事，你可以如此希望，但不必勉强去追求。

——罗兰

我们对伴侣有着怎样的期待呢？身材、职业规划、性情、赚钱能力？也许都可能。不过，普天之下，要想找一个集各种优点于一身的完美者出来，未免有点不切实际。内外兼修，可能就是我们对自己和伴侣的终极期待。

1.成功者背后一定有个好伴侣

社会心理学家认为，在婚姻关系中，女人担当着重要的地位。

男人要想出人头地，就必须组建一个健康、和睦、幸福的家庭。没有稳定和谐的家庭作为支柱，男人是难以肯定自己的才华、相信自己的能力、突破自己的圈子、超越自己的极限而获得成功、实现自己的理想的。这时，绝大多数有所成就的男人无不是需要一个得力的“贤内助”妻子，朝夕陪伴，风雨兼程地与自己打拼天下，共同取得辉煌业绩。

而有了幸福美满的家庭做后盾，男人就不会畏首畏尾、故步自封，而是放心胆大地去施展能力，努力奋斗，尽快实现自己的梦想。

俗话说“成功的男人背后都有一个好女人”，所以一个好妻子在家庭中担当着重要的角色。男人的成功离不开一个知心的妻子的支持，而懂事的识大体的妻子总能为丈夫免去后顾之忧，让男人一心用在事业上。

有一次罗杰斯为了写作，住在了一个农场。一天，他突然想要一把大刀——一种外形丑陋、杀伤力很强的南美大刀。

罗杰斯太太不了解她的丈夫为什么要这件东西，她的第一个反应是劝他不要去买。如果他有了这么一把大刀，他到底想拿来做什么呢？可能只是拿来看一两眼就把它搁到一边忘了吧。

想了一会儿以后，罗杰斯太太决定支持他。她甚至还走了一段很远的路来到城里，亲自为他买回这把大刀。这使得罗杰斯高兴得就像是要过圣诞节的小孩子。

在罗杰斯心爱的牧场里，有一带长满了多刺的矮树丛。他经常带着这把大刀，在这个矮树丛砍伐几个小时，清理出可供马匹和行人通过的小路。他在那儿大砍特砍是完全而彻底地自我消遣。过了一段时间以后他回家了，全身流着大汗，而他的困难解决了，他的牧场也更漂亮了。

罗杰斯时常说，那把大刀是他曾经收到的最好的礼物之一。罗杰斯太太想起那时的情景，总是感到非常高兴。

男人的成功离不开女人，意思并不是说所有的成功男人都一定要依赖自己的另一半，而是通过妻子的背后相助，使自己距离成功更进一步。所以，聪明的妻子总是善于帮助丈夫解决问题，即使自己的主意和方法看上去不怎么高明，也希望获得丈夫的赞赏。而当妻子帮助丈夫解决了难题和困境之后，丈夫反而会更加信赖妻子，以后不管遇到什么事情都愿意和妻子沟通商谈，而妻子也在这个过程中获得快乐。

“贤内助”式的好妻子不仅在事业上会助丈夫一臂之力，在生活中也能细心地打理好一切，解决后顾之忧。比如替他在公婆面前多尽一份孝心；替他在孩子面前多尽一份责任。让他抛却所有的顾虑和担忧，一心一意地工作，这才是做妻子对丈夫的真正帮助。

总之，男人的成功离不开女人的支持，女人的魅力也离不开男人的赞赏。在家庭中做丈夫的好妻子，在事业上做丈夫的好伙伴，一起同甘共苦，风雨同舟。当丈夫陷入困境时，尽力为丈夫排忧解难，当丈夫烦恼时，帮他释放心理负担；当丈夫获得成功时，给予鼓励和欣赏；当丈夫表现出脆弱的一面时，给他温暖。

好妻子并没有固定的标准，但一定要懂得当个高情商的聪明妻子。

（1）丈夫是妻子的镜子。

在现实生活中，从妻子的个性和为人方面也能够找到丈夫的影子。温顺体谅、开朗宽容的妻子，丈夫也一定是宽容大度、乐于助人的。如果妻子有个好人缘，那么丈夫也一定有着良好和谐的人际关系。反之，如果妻子喜欢搬弄是非，爱嚼长舌，那么做丈夫的一定苦不堪言，甚至在人前失去人心。自己不爱打扮、不修边幅的女人，在丈夫的穿着上也自然漠不关心或者马马虎虎。所以，丈夫是妻子的镜子。有时候，人们对一个男人的评价并非是指这个男人存在哪些问题，而是在反映他的妻子是一个什么样的人。因此，聪明的妻子要学会在丈夫这面明镜的照射下，努力让自己变得光彩照人，而不是自己蓬头垢面，连带着丈夫也显得萎靡不振。

（2）聪明的妻子不与丈夫抢风头。

聪明的妻子会把所有风光的机会让给丈夫，让他更有面子。当面对问题争论的时候，聪明的做法是适当地示弱，不斤斤计较，不争高下。如果在争论中音量巨大，针锋相对地较劲，是不明智的。当然，温柔可亲的妻子并不是低眉顺眼地顺从和屈服，只要能让丈夫找到男人的信心和魅力，避免尴尬的困境，就是聪明的。

（3）帮丈夫撑起台面。

聪明的妻子会维护丈夫的形象，为他的魅力加分。因为女人应该懂得，帮丈夫撑起台面，也就等于给自己增添风采。当丈夫身穿西装时，妻子应该选择一款优雅的礼服才搭配。拥有一位出得厅堂的妻子，做丈夫的自然脸上有光，而要是再加上得体的语言、良好的美德和和谐的人际关系，那么收获的就不只是光彩，更是一种欣赏和敬佩。聪明的女人都懂得利用自己温和的影响力使丈夫在人际圈里广受欢迎。

（4）在事业上给予帮助。

聪明的女人不应该仅仅做培养好男人的学校，而应该与丈夫成为好同学。当丈夫学有所成，妻子也必定内涵充实。当丈夫在事业上闯出一番天下的时候，做妻子的也应该学会站在他的身旁并肩奋斗。好妻子懂得在事业上做丈夫的得力助手，会帮助他出谋划策，一起分担和解决问题。即使女人在某些方面的智慧不如男人，或者眼光不够高，相信丈夫也会细心倾听的。如果妻子提出了某个见解对丈夫来说很有价值和意义，也会赢得丈夫的欣赏和肯定。

2.鼓励是我们前进的动力

美国一位两性专栏作家曾说：“事实上，每个男人内心都住着两个灵魂，一个是现实中、现在的他，真正的自己；另一个则是理想中的自己。然而，只有聪明的女人才能将这两个灵魂合而为一。”

鼓励对于一个人的成长有着不可替代的作用，而爱人的鼓励则是我们前进的最大动力。

每个人都希望伴侣能成为自己理想中的那个人，要做到这一点，需要相当的智慧。对女人来说，要让一个男人变得优秀，你就不要挑剔他，不要拿他与隔壁的某某人相比，也不要设法给他巨大的压力，而应该温柔地鼓励他。

没有男人不喜欢女人的鼓励的，尤其是出自对他们至关重要的妻子口中。当他们听到“你真了不起，我很以你为荣，我真高兴你是我的”这种话的时候，每个男人都会高兴得跳起来。

许多成功的男人都可以证明这种说法的真实性。例如，拥有派克斯货运和装备公司的派克斯先生就有这种体会。

“我确信，”派克斯先生说道，“一个男人不但可以成为他理想中的人，而且也可以成为他太太所期望的人。多年来，我曾雇用了许多员工，但是在我和他们的太太谈过话之前，我是不会把一个需要信任或有重大责任的职位交给他们。因为一个妻子的人生观以及她对先生信任的程度，可以决定一个男人在事业上的成败。我之所以这么说，是因为我自己就有这种经验。

“我太太在嫁给我以前十分富有——富有的双亲，受过良好的教育，有一个快乐的家。我却是个穷小子，只受过很少的教育。除了有想闯天下的欲望以及她对我的爱与信心之外，我什么东西也没有。

“在我们婚后最初的几年里，日子过得十分艰苦。每当我面对失败与挫折而灰心丧气时，她的了解和不断地激励是我继续努力的唯一动力。

“在我的生命中，如果有了什么成功，全是由我太太不断地鼓励带来的。就算在我最无助潦倒时，她也没有离开我。每天早晨我离开家时，她从不会忘了对我说：‘鲍伯，我相信你今天一定会过得很好。别忘了我爱你。’当我回家时，她也总是耐心地倾听我一天的工作情况。为此，我曾发誓永远不会让她失望。到目前为止，我做得还不错。我会继续努力达成她的希望的。”

鼓励带给男人进步。使男人进步的方法并不是要求他，而是鼓励他，指出他们最能够施展出来的才华。

如果他需要建立信心，你可以指出他做过的有勇气的事情。“你还记得那一次，你告诉老板如何减少你部门里的浪费的事吗？那实在是需要很大的勇气。但是你做到了，真了不起啊！”即使是最怯懦的男人，听到了心爱女人的鼓励，他也会敞开胸怀去努力的，甚至更进一步，他还会觉得也许自己能做得更好，从而表现得更勇敢。

一个好妻子永远不会对她的丈夫说：“你真没用！”尤其是在他失败时。如果你的丈夫真的失败了，他的老板和其他人将会毫不迟疑地向他指出这一点。这时你要做的不是在他心中再撒一把盐，而是在早餐时，在床上，或在家里的任何一个地方告诉他：“你是可以成功的。”不要怀疑你对丈夫的影响力，你所说的每句话都会使你的丈夫改变，让他变得更好或更坏。所以，你对你说出的话要进行选择，只有那些明智的、鼓励性话语，才能改变一个男人的消极态度，使他变得更好、更积极。

汤姆·强斯顿就因为有位好妻子，从而改变了对生命的认识。汤姆·强斯顿曾在战争中受了伤，他的一条腿有点残疾，并且疤痕累累。幸运的是，他仍然能够享受他最喜爱的运动——游泳。

在他出院后不久，有个星期日，汤姆和他的太太在汉景顿海滩度假。做过简单的冲浪运动以后，汤姆就在沙滩上享受起日光浴了。然而，不久他发现，其他人都在注视着他的腿。在此以前汤姆从未在意过这条受伤的腿，但现在他知道这条腿太惹眼了。

第二个星期日，汤姆的太太提议再到海滩去度假。但是汤姆拒绝了，说他宁愿留在家里休息也不想去海滩玩。他太太注意到了他的变化。“我知道你为什么不想去海边，汤姆，”她说，“你开始对你腿上的疤痕产生自卑感了。”

汤姆承认了他太太的话，以为他的太太会因此而指责他，然而他太太却说了些让他永远不会忘记的话。她说：“汤姆，你腿上的那些疤痕是你勇气的徽章，你光荣地赢得了这些疤痕。不要想办法把它们藏起来，你要记住你是怎样得到它们的，并且要骄傲地带着它们。现在走吧——我们一起去游泳。”

汤姆·强斯顿去了，他的太太已经除掉了他心中的阴影，甚至给他带来了更好的开始。

3.正视自我，学会欣赏自己

心理学家马斯洛在《动机与个性》中提道“自我接受”这个概念。他说：“新近心理学上的主要概念是：自发性、解除束缚、自然、自我接受、敏感和满足。”我们的心灵常常因为罪恶感，以及过去和现在所犯的种种过错而自惭形秽。我们渐渐缺乏了尊敬和喜爱自己的能力。为了学习喜欢自己，我们必须面对自己的缺点，容忍自己的缺点。这并不是不思进取、懒惰或是其他什么，这只表示我们必须认识到——没有人，包括我们自己，能够100%的优秀。

完全地接纳自己，尊重自己，既要接受自己的优点，也要接受自己的缺点。

许多人在踌躇满志的时候，又往往不敢正视自己内心的愧疚、仇恨和羞辱；在垂头丧气时，却又不敢相信自己拥有的优点和取得的成就。有些人因为自己偶尔的消极情绪而认为自己是邪恶的，于是，一蹶不振。有些人甚至因为他人对自己的不认可而自暴自弃，实在令人惋惜。

我们不能片面地看待自己，而应该综合考察，实事求是地了解自己、接受自己。很多人常常过分严格地要求自己，凡事都希望完美无缺。然而，我们所做的一切都不是十全十美的。我们无法要求自己完美无缺，我们只能努力把自己变成一个有很少缺点的人。我们要学会适当地宽容自己，坦然接受自己的某些缺点，这样我们才能生活得比较轻松，才能保持内心的平静。

每个人的性格中都有引起失败的因素，也有走向成功的因素。我们有时可以把自己想象得更好一些，有时候也可把自己想得差一点，但永远都不要再要求自己完美无缺。要求别人完美是不公平的，要求自己完美更是荒唐。所以，千万别这么苛待自己。有时候，我们要试着练习自我放松，取笑自己的某些错误，要学习喜欢自己。忘记过去的错，爱自己，你认为你是巨人的时候，你才会成为真正的巨人。

欣赏自己，就是在无人为我们鼓掌的时候，给自己一个鼓励；在无人为我们拭泪的时候，给自己一些安慰；在我们自惭形秽的时候，给自己一片空间，一份自信。然后抖落昨日的疲惫与无奈，抚去昨日的伤痛和泪水，去迎接明天崭新的朝阳，走向一个风和日丽的清晨……

欣赏别人是一种尊重，被别人欣赏是一种承认，欣赏自己则是一种自信，也是一种本领，在困境中欣赏自己是给自己信心与勇气。欣赏自己是一种睿智，让自己的“闪光点”尽快“灿烂”起来，让自己的“余热”尽可能多地发挥作用，这就是认同自己存在的一种人生价值观。

学会欣赏自己，实际上就是自己在面对困难时保持一份乐观积极的心态，让自己能够从困境中看到希望，从而不会陷入绝望的境地。

有时闲暇之余，静静地欣赏自己，其实自己也很真实，也很天真可爱。在我们的人生道路上，尽管没有芳馨的鲜花为我们添香，却有希望的绿野为我们舒展；尽管没有雷鸣般的掌声为我们喝彩，却有恒久的信念在我们的心头树立；尽管在人生的航道上经历沧桑坎坷，理想的风帆却依旧高扬。多少次回味在烈日与风雨中苦苦追求的足迹，生命的旗帜尽管那样平淡无奇，我们仍意志坚定——沿着自己的航线，趟过岁月的河流，走进一片美丽的绿洲。无须改变什么，也无须挑剔什么，自己就是自己——世界上独一无二的自己。原本很美，很独特——只不过，我们仍需努力！

每个人都会有缺点，这个世界上，十全十美的人是不存在的。有些人面对自己的缺点，总是想办法遮掩，害怕别人笑话。其实，这样做反而会使人感到虚伪，不真实，也就没有人愿意与你交往。正确的思维是坦然面对自己的缺点，不有意掩饰，敢于挑战自我，承认缺点，这样就会赢得大家的尊敬。

4.充分发挥自己的特长

与男人一样，女人也要培养自己的嗜好，发挥自己的特长，这样生活才能过得精彩，尤其是那些家庭主妇，每天有很多空闲时间，如果不能及时找到填补这些时间的活动，往往会使她们感到厌烦、疲倦和单调，从而降低自己的魅力。因此，聪明的妻子在空闲时间会培养自己的兴趣，找到适合发挥自己特长的事情来做。

华尔特·芬克伯纳太太在孩子幼小时，整天待在家里照顾孩子。当孩子睡着时，她经常感到莫名的烦躁，爱对丈夫发火，两个人之间的交流越来越少，关系一度恶化。当孩子开始上学以后，在朋友的劝说下，她开始到圣鲁克公会的全日制学校去授课，在此期间，她发现自己很有照顾小孩的天分，于是她又申请到圣鲁克日间学校幼儿园去做老师。在做了这些工作后，华尔特·芬克伯纳太太开始觉得生活充实，自信和魅力又写在了脸上，丈夫高兴地说："那个我喜爱的女孩子又回来了。"

芬克伯纳太太在与朋友说到这段经历时曾说：

"自从我开始工作后，我发现生活中出现了许多惊喜，如我以前对于家务事的要求非常严格，每一件小事都不放过，现在我的眼界宽了许多，不再把时间浪费在这些小事上了。每天早上，我都提前一个小时起来收拾屋子，然后开车送孩子们去上学，随后到自己的学校去上班。

"我在学校负责孩子们的饮食和午休，星期三晚上，我会陪丈夫和一些朋友打保龄球。星期四晚上空下来我就去参加教堂的一个讨论会。这个讨论会在心理上给了我许多好处，再加上每周三次的兼职教课，我的工作表就排满了。

"这些家庭外的工作为我的生活带来了很大的变化，如在家人聚集的晚餐时刻，我有更多的话题拿出来与大家分享，这让我获得了前所未有的满足感。

“因为我曾经读过描述一个精神病患者的文章。这个患者小的时候，由于父母时常把餐桌当战场，要争论问题，所以她现在想要吃东西的时候，就会把每一口食物都吐出来。所以，在我们家里有个规矩，吃饭的时候，只能谈那些愉快的话题。晚餐就是一个综合汇报时间，到那时我们全家可以一起分享这一天有趣的事。而我充实的工作计划，让我有了更多有趣的事情来和他们分享。

“这些也给了我更好的价值观念，我不再去在意从前困扰我的小事情，而是把精力集中在较重要的事情上。如，怎样把我的家变成一个温馨的港湾，让每个人都感到舒服、愉快。”

可见，聪明的妻子切不可把时间空耗在枯燥的等待中，而要让自己的特长闪耀出更多的魅力，在获得自信的同时，让丈夫对自己刮目相看。

5.女人要有自己的事业

一个女人要有自己的事业，即使没有事业，也要找一份正当的事情来做。我们都有这样的经验，一旦无所事事，就容易惹是生非。一个女人如果整天没有事情做，就会容易把男人当自己的事情，那就真有事情了。

小焕是一家连锁美容店的老板，这位洗脚妹出身的女创业家，浑身上下洋溢着自信和快乐。她很精致，从鞋子到发型，每一处都呵护得得体、靓丽，是一个让男人瞩目，更让女人羡慕的女人。她不仅把公司旗下的五家美容店经营得很好，还把家庭和生活经营得让人羡慕。

小焕认为，女人在经济上的独立，能极大地促进精神上的独立和人格上的独立。有自己的事业、自强自立的女人，才能青春常驻。

为了不与潮流脱节，小焕经常逛街购物，及时了解市场，捕捉灵感和商机。她不断改变自己，常到全国各地及马来西亚、日本、韩国、泰国等地旅游、学习美容知识，开阔视野，引进先进的美容理念、经验及技术。小焕的事业越做越大，她的家人也为她深感自豪。

拥有一份良好职业的女人，经济独立，在丈夫和孩子面前更有底气。因为有了足够的经济能力，生命才能够有活力，才更容易实现自己的梦想。女性争取财务独立的目的，往往不只是为了争取主动权，也是不想成为家人的责任与拖累。

我们身边不乏这样的例子，有的女人自结婚起就为家庭操劳一辈子，等老的时候还要帮子女带孩子，看媳妇的脸色行事。因为她没有一技之长，手里也没有什么钱，等有一天真的没有生活能力的时候，还得指望儿子媳妇养老送终呢。因为没有收入，这类女人在家里通常都是处于弱势的一方。

女人尽量别将一生的经济需求都依赖在别人身上。有很多将一生的希望都寄托在丈夫和孩子身上的女人，她们离开职场的时候都很年轻，有些甚至30岁都不到。这张饭票从漫长易变的生活来看，并不保险，既让人担心会过期，也让人担心会作废。

如今的婚姻越来越难是女人的终生保障，还有更可怕的，年轻时夫妻双双拼下不菲家财，但当女人为了孩子选择回归家庭，牺牲事业后，当女人逐渐变成黄脸婆时，男人对她的态度也随之改变了。其实除了谴责男人的薄情外，女人是否想过，是否是自己过于相信男人这张饭票了呢?

如果我们一心依赖丈夫过日子，当婚姻这张饭票作废时，没有经济独立能力的女性，意味着一切从头再来，但当那时，是否还能像年轻时那样在职场富有竞争力呢?

如果有一天发生意外，我们有没有能力自给自足，有没有能力一个人负担孩子的未来？如果有一天你必须凭自己的能力过日子，你能过得好吗？女人要拥有自己的事业，不是为了成为女强人，而是为了每一天都可以有尊严地活着!

有事业的女人，在工作中不断地丰富自己。爱情不是她生活的全部，她和同在职场的丈夫也容易有共同的语言。

肖辰是一家装修公司的副总经理，她看似柔弱，但当她怀有身孕时也不忘工作，甚至临产前都是老板开车把她送到医院生产的。刚一坐完月子，她就已经在外出差了，孩子很健康，家里也安排得很好。

这样的例子可能有些极端，但是同样说明了事业的魅力。一个事业上有追求的女人，具有永不褪色的魅力。这种魅力是厚重的，她辛勤工作的身影和随时洋溢的才华，经得起岁月最残酷的推敲。这样的女人，怎能不让家人和朋友对她又爱又敬呢？

重视自我成长与进步，是成就幸福人生的必修学分。和这样的人生活，充满着希望和乐趣。

6.永远在学习，永远在前进

林清玄在《生命的化妆》一书中说：女人化妆有三层，其中第二层的化妆是改变本质，让一个女人改变生活方式，睡眠充足、注意运动和汲取营养，多读书、多欣赏艺术作品、多思考，可以让女人对生活保持乐观的心态。事实上，独特的气质与修养才是女人永远美丽的根本所在。

20世纪90年代初，杨澜在中央电视台担任《正大综艺》节目主持人后，红遍大江南北。但她却在事业的巅峰之际，选择了出国学习。四年磨一剑，后来加盟凤凰卫视，随后创办阳光卫视，担任申奥形象大使，获得了她那个年龄能够获得的所有成就与美誉。任谁提到“杨澜”这个名字，都会想到这是一个睿智聪慧的女子，而非一个“花瓶”。

从《京华烟云》到《青花》，温婉的赵雅芝一直光彩照人地美丽着，有谁想到她生于1954年，是三个孩子的母亲呢？岁月流逝，气韵犹存，那份婉约的书卷气，令人怦然心动，仿佛她真是那西湖岸边的白娘子，可以演绎不老的美丽。

在娱乐圈里说到知性美，无疑要提到刘若英。她不仅是歌手，亦是创作人，作曲、写歌，还尝试文字创作。她虽没有非常漂亮的脸蛋，却像她的绰号“奶茶”一样，美得含蓄而不容忽视。

有人说：“书，是女人最好的饰品。”“读史使人明智，读诗使人灵秀，数学使人周密，自然哲学使人精邃，伦理学使人庄重，逻辑修辞学使人善辩。”培根在《随笔录·论读书》中写出了读书的益处。读书带给女人思考；读书带给女人智慧；读书会使女人空荡荡的漂亮大眼睛里变得层次丰富、色彩缤纷；读书教会女人在笑的时候笑，在忧伤的时候忧伤；读书还使女人明白自身的价值、家庭的含义，明白女人真正的美丽在哪里。

世界有十分美丽，但如果没有女人，将失掉七分色彩；女人有十分美丽，但如果远离书籍，将失掉七分内蕴。读书的女人是美丽的，“腹有诗书气自华”。书一本一本被女人品读的时候，书中的内容便化成营养滋润着女人，由此女人的面貌开始焕发出迷人的光彩。那光彩优雅而绝不显山露水，那光彩经得起时间的冲刷，经得起岁月的腐蚀，更加经得起人们一次次地细读。正因为如此，你将不再畏惧年龄，不会因为几丝小小的皱纹而苦恼。因为，你已经拥有了一颗属于自己的智慧心灵，有自己丰富的情感体验。你生活中的点点滴滴，将会书香四溢。

在社会生活中，女性的生存空间比男性的狭小，所以女性更需要博览群书，以放眼世界。而且在广泛阅读的同时，还要善于思考，不盲从，也不偏执，这样才能培养一颗丰富和广博的心灵。

另外，读书时不要把范围局限在某一类。男人能看的书，女人都应该看，如哲学、军事、政治、传记、历史类等。

因为，书是改变一个人最有效的力量之一。书是带着人类从蛮荒到启蒙的捷径。书还是女人修炼魅力之路上最值得信赖的伙伴。“书中自有黄金屋，书中自有颜如玉。”岁月的流逝可以带走姣好的容颜，却无法带走女人越来越美丽和优雅的心灵。书籍，是女人永不过时的生命保鲜剂。

7.把生活过成自己想要的样子

年轻时，最引人注目的是容貌，但到了中年，最吸引人的便是情趣了。生活中如果没有情趣，就如一潭死水。不懂得在生活中创造情趣的伴侣，仿佛一盘没放盐的菜肴，寡淡无味；而一个有情趣、有文化、有修养的人，其魅力可保持终生。

在家庭生活中，大多数男人并不苛求女人在各个领域里能与自己并驾齐驱，他们渴望的是女人与自己有相同或接近的生命力与情趣。也许很多人会误会，认为没情趣的女人都是无知无识的乡野妇人。然而事实上，情趣更多地表现为一种生命的张力。当知识女性被一种刻板的生活包围，被一种不变的形象束缚时，她的生命里也会出现枯燥乏味的迹象，如果不及时做出调整，生活情趣也将离她越来越远。

《飘》的作者玛格丽特·米切尔是《纽约时报》的一位版面负责人，她每天应付的就是应接不暇的稿件，以及挑选、组合、排版，一天到晚工作总是排得满满的，心中的厌倦感与日俱增。

玛格丽特·米切尔非常重视自我形象，请专门的形象设计师为她设计。尽管在大家的眼中，她是个既漂亮又能干的女强人，可她总认为自己身上似乎少了一些东西，却又不能确切地把它说出来，因而对生活也开始丧失兴趣。后来，在一位朋友的苦心开导之下，她犹豫再三决定休整一下，去科罗拉多大峡谷度假。

度假归来后，同事们发现，比起以前来，玛格丽特·米切尔像是换了一个人。她不再浓妆艳抹，一天到晚总是轻松愉快的。她取消了专门的设计师，整个形象却似乎更加光彩照人，一种悠然自得的味道总是伴着她。

人们向她打听到底发生了什么事，促使了她的改变。她微笑着说：“我是带着一种失望的心情去度假的。可当我一下飞机，看到那苍茫辽阔的大地，峥嵘荒凉的群山时，我的心一下就被感动了。我似乎又做回了以前的那个乡下姑娘，肆无忌惮地跑来跑去，一切的一切对我来说，都是那么新鲜有趣。我可以每天睡到任何时候，没有任何禁忌。与朋友一起驾车打猎，光着脚在河边抓鱼，甚至蓬头散发地跑来跑去，我认为那样的形象才是最和谐的，因为与大自然贴得最近。”

如今，越来越多的女人会选择以独身旅行的方式度过自己的闲暇时光。接触一种不一样的生活，可以让女人发现自己，更加喜爱自己，然后以更加充盈的魅力与活力面对自己的未来。

为了不让自己的魅力枯萎，在开阔眼界的同时，我们可以选择不同的方式为自己充电。了解政治、关心环境、注意时事、接近人文，都是我们拥有的好习惯；电影、书籍、网络是我们最好的伙伴；掌握一门以上的外语或进修一门实用课程，对于我们来说，也是开拓事业、提升自己的必不可少的手段。

1.不要试图改变你的老公

在婚姻中，每个人都不要试图改变对方，而是去适应对方。

每个女人在嫁给她所爱的男人前，都要认清这样的事实：男人是很难改变的。所以，不要有类似“我婚后会让他为我改变”这样的想法。男人婚前什么样，婚后也会同样如此。

所以，在嫁给这个男人前，你首先得问自己：“我打算忍受他的这些生活方式吗？”如果不能忍受，你最好不要嫁给他。认为自己能改变男人这种想法是愚蠢的，因为这会严重影响你的婚姻生活。

高情商的女人都知道，要完全地把握一个男人不是靠征服，而是靠融入。当女人完全地融入男人的生活中去时，他们就已经是密不可分的了。

奥嘉·卡巴布兰加夫人的先生曾经是古巴的外交官和国际著名的西洋棋冠军，他是一个聪明、灵巧、到处受人欢迎的人。就像许多能力不平凡的男人那样，他对自己的想法非常固执，但是他们的婚姻却非常的美满成功——他们享有甜蜜的爱情、浪漫和相互的尊重。奥嘉·卡巴布兰加带给她的老公那么多的快乐，所以她老公有时候也会高兴地放弃一些自己本来执着的意见来博取她的欢心。

她是如何创造这项奇迹的呢？只不过是做些“小牺牲”而已。当卡巴布兰加先生心情不好而不说一句话，她就让他独自去思考，而不会以唠叨来激怒他。她本来喜欢跳舞，但是她的老公却喜爱大部分的时间留在家里，所以她心甘情愿地放弃许多迷人的社交聚会。如果她老公不喜欢她穿的衣服，她就马上去换穿一件他喜爱的。她老公是个喜爱哲学和历史的读书人，奥嘉本来只喜欢比较轻松的书籍，然而她还是细心地读了老公喜欢的书。

赶上老公的思想，并且欣赏和领会他的谈话，永远和老公保持同步状态，这是建立相互信任的基础。

所以，不要羡慕那些名人的妻子，因为她们为此付出了巨大的努力。她们所承担的不仅仅是穿着名家设计的服装，在照相机面前摆出迷人的笑脸，也要为融入丈夫的生活付出更多的东西。

罗威·汤姆士的妻子就可以告诉你成为一个名人的妻子要付出多少努力。罗威·汤姆士在国际上很出名，他的事迹可以说是与天方夜谭的故事一样神奇。罗威·汤姆士在喜马拉雅山上所待的时间和他在新闻影片、摄影棚里所待的时间一样多。

法兰西丝——罗威·汤姆士的妻子，是个了不起的女人，也只有她能忍受罗威·汤姆士的工作和生活方式。因为法兰西丝能够像一只变色蜥蜴那样，随时随地地根据丈夫的需要而改变自己。

当汤姆士飞遍世界各地演讲时，她会为他充当旅行中的助理经纪人，帮他处理来自各地的邮件和邀请函。

回到美国后，法兰西丝又成了忙碌的女主人。她要招待不断前来拜访汤姆士的大人物，包括探险家、飞行员以及其他许多杰出人物。汤姆士家的周末常常会因为有众多宾客的参加而显得热闹非凡。

当丈夫出外远征的时候，法兰西丝承受着更多忧虑。例如在第一次世界大战后的德国革命时期，她从报社电话里听说她的丈夫在采访一场枪战时受到了致命的伤害，而她却只能远在巴黎等着消息。

还有一次，罗威·汤姆士经过一处山区时受了重伤。他被当地人背在肩上走了20多天才安全地离开了山区。在所有这些受尽精神折磨的日子里，法兰西丝却独自承受着害怕失去丈夫的恐慌。

这种精力充沛又爱冒险的丈夫你能忍受吗？你能独自承受丈夫出名背后的各种压力吗？所以，做一位名人的妻子并不是件轻松愉快的事情。如果你现在能适应丈夫的工作和生活方式，那你是幸福的，因为你已能够解决生活所带来的困扰了。

2.“死抬杠”的毛病要不得

“这部电影糟透了，花了两个钟头，却一点意义也没有。”

“看电影何必要有什么意义呢？而且，这一部片子实在也不能算是很坏。”

“不过我认为它的布景是很宏大的，一定费了许多工夫。”

“那又不然，我们弄惯了，这一点布景是很容易的。”

“还有演员也算相当卖力，只可惜为剧本所限，不能充分发挥他们的演技。”

“这几个演员已经算是做得不错的了，如果在别的剧本里，一定要失败。”

上面几句对话你看来也许觉得好笑，不过这种情形多着呢！有些人差不多习惯性地专和别人作对，无论别人说什么，他总要照例反驳。他自己本来一点成见也没有。不过你说“是”时，他一定要说“否”，到你说“否”时，他又说“是”。这是最可怕的习惯，有这种习惯的人很多，而且每每不自知。

为什么会这样呢？因为他不喜欢听取别人的意见，心目中只有自己，而且他自以为比对方高明，事事都要占上风。

即使你的见识真的比对方高明，这种态度也是要不得的。

你简直不为别人留一点余地，好像只想要让对方窘迫到无路可走，才觉得满意——我知道你并没有想到这一层，但实际上你正是这样做的。这种习惯使你与爱人疏远，没有人肯给你提供一点建议，更不敢向你进一点忠告。

唯一改善的方法是养成尊重爱人的习惯。你要明白，在日常谈论的十有八九没有绝对是非标准的问题当中，你的意见不一定是对的，而爱人的意见也不一定是错的。把这些问题总和再行分配，你至多有一半是对的。那么你为什么每次都要反驳别人呢？

有这种毛病的人，大概都是聪明人居多数（否则也是自作聪明的人），他也许太热心，想从自己的思想中提出更高超的见解，他以为这样可使人敬服，但事实上完全错了。一些平凡的事情，是不必去费心做更高深的研究的——至少我们日常谈话的目的，是消遣多于研究，既然不是在庄重地讨论问题，又何必在琐屑的事情上抬杠？所以，在轻松的谈话中不可太认真。

你的伴侣进献给你一个建议时，你若不能即刻赞同，那么最低限度要表示可以考虑，但不可马上反驳。要是你的伴侣和你聊天，你更要注意，意见的纷争会把一切有趣的生活变得乏味。

倘若你的夫人问你：“我的发式好吗？”“不好。”“我的衣服美丽吗？”“不太美丽。”或她说：“这双黄色的鞋子真好看。”你却偏要说：“不如黑色的。”她说：“孩子应该早点起床。”你却说：“迟点也不要紧。”试想，这是如何的煞风景啊！

记住，你不可做一个固执的伴侣，不可做一个没趣的伴侣，不可做一个无情伴侣，不可做一个冷酷的伴侣，或者是一个执拗的伴侣。

3.别以“我是为你好”约束他

婚后的女人总会不由自主地想要管理和控制她身边的男人，最常说的一句话就是“我这都是为你好”，而让男人哑口无言，心里却又极不痛快。

新婚不久的李女士发现，信誓旦旦声称三天一包烟都抽不完的老公，烟瘾越来越大，几乎每天都要抽掉一包。深知吸烟危害健康的李女士，决定开始实施帮助老公戒烟的计划。

她从管钱开始这个计划，老公口袋里没有了钱，自然就不能买烟了。她要求老公每个月发工资一分不少地都交给她，坐车的钱，往卡里充。需要买什么东西问好了价钱再申请。此外，老公每天进家门的第一步，就是接受她鼻子的检查，闻闻他身上有没有烟味。

每当老公求他给一根烟抽的时候，她都是义正词严地拒

都洗不干净，还能干什么？”老公做饭，她会说：“哎呀，做饭怎么不是咸就是淡，一点谱都没有，让人怎么吃呀？”老公做家务，她会说：“怎么这么笨，地也擦不干净。”老公办事情，她更是牢骚满腹：“看你，连话都不会说，让人怎么信任你呢？”诸如此类，家庭噪音不绝于耳。

刚开始的时候，刘辉常常是黑着脸不吱声，时间久了，他就开始和她顶嘴。他会说：“嫌我洗衣服不干净，你自己洗。”然后把衣服往那一扔，摔门而走。他还会说：“我做饭没谱，以后你做，我还懒得做呢。”有时候，他也会大发雷霆，和她大吵一通，然后好几天两人谁也不理谁。

过几天，两人和好了，但是李媛媛仍然改不了自己的习惯，仍然会在他做事的时候唠叨不止，日子就这样在吵吵闹闹磕磕绊绊中过了几年。终于有一天，李媛媛又在唠叨他洗碗洗得不干净时，他再也无法忍受，把所有的碗都摔在了地上，大声吼道：“你烦不烦，看我不顺眼，干脆离婚算了，看谁顺眼跟谁过去。”

李媛媛万万没有想到刘辉会提到“离婚”两个字，她顿时泪如雨下：“我说你，还不是为了你好？换了别人我还懒得说呢！要离婚，好，现在就离！”

结果，刘辉甩门而去。

后来，李媛媛在朋友的劝说下，明白了一个道理，那就是自己对老公不能太苛刻了。其实，衣服有一件两件洗不干净是常有的事；老公不是大厨，偶尔盐放多放少更是小事一件；家务活谁都可能出点纰漏；一个人偶尔说错一两句话也是在所难免。而自己不断地唠叨把这些常人都有的小毛病加以无限地放大，而且还养成了习惯。正是因为她对老公的挑剔，才使得老公与自己越来越远。

著名的心理学家特曼博士对1500对夫妇做过详细调查。研究表明，在老公眼中，唠叨、挑剔是妻子最大的缺点。另外，盖洛普民意测验和詹森性情分析——两个著名的研究机构，它们的研究结果都是相同的，它们发现，任何一种个性都不会像唠叨、挑剔给家庭生活带来巨大的伤害。

纽约的《世界电信》杂志，某期刊登了一件杀人案，一个50多岁的卡车技工，雇用了三名流氓残忍地杀害了自己的妻子。关于他的犯罪原因，据他自己称，仅仅是因为他的妻子一直不停地唠叨和抱怨。

如果一个女人在二十几岁刚刚结婚时，就成天唠叨老公，你什么时候才能升职加薪，什么时候你才能挣到买一套大房子的钱，什么时候你才能买一辆私家车……时间一长，一定是一个不可救药、让人生厌的埋怨专家，而她的老公也多半会成为一个整天灰着脸的平庸男人。试问，这样如何会有幸福的婚姻生活呢？

5.不抱怨的女人离幸福最近

很多女人都爱抱怨。在我们的生活中，发几句牢骚本来是一种宣泄情绪的方式，可是如果让抱怨成为固定的模式和生活的常态，就会徒增不少烦恼。

很多女人在家里操持所有的事情，然后一脸苦楚地向周围人声讨。有的跟男朋友抱怨，我的心思全在你这里，只是因为爱你，可你为何总对我热情不起来呢？有的对丈夫抱怨，整天把家弄得这么乱，被子不叠，衣服不洗，你以为我打扫收拾容易吗？有的对孩子抱怨，就是为了你，妈妈才熬成了黄脸婆，你要考不上名牌大学，对得起我吗……

大多数的男人一回家，如果听到的是女人的埋怨声、唠叨声和不高兴发脾气时的大喊大叫声，他们的第一反应会是不假思索想要逃离，他们会去洗澡、加班或者一个人出去喝闷酒。

有人曾经统计过，大部分女人一生说话的时间是男人的几倍。她们一逮住机会就对着丈夫无所不谈，滔滔不绝。这时男人不但要听，还不能说话，以免打断女人的话茬儿，惹起她的不满。这种局面久了，再有耐心的男人也会厌倦。因此，美国作家米勒告诫女人们：所谓成功的婚姻与普通的婚姻之间的区别，即是一天中有三四件事情不说。

有些时候，当男人在外面遭受了挫折，回家就会向女人倾诉衷肠，这也说明了妻子是他最亲密、最信任的人。而这时候，如果女人一点儿也不耐烦去听，反而喋喋不休地抱怨自己的苦楚，那就会让男人原本沮丧的心情雪上加霜。其实，很多时候，一句抱怨不如一个充满爱意的眼神；一句抱怨不如一个亲昵的动作；一句抱怨不如一杯淡淡的茶水。

让我们少一些抱怨，多一些聆听。聆听男人的心声，分享他们的苦楚，领会他们的心思。有时并不需要你付出什么，只是一个体贴的动作，就可能让男人消除怨气，甘为牛马，对你好一辈子；只是一句安慰的话，就可能让男人摆脱烦恼，温暖一辈子，感激你一生。

英国大政治家狄斯瑞利曾经说："我一生或许有过不少错误和蠢行，可我绝不打算为了爱情而结婚。"果然，他履行了自己的诺言，在35岁那年，他向一位比年长自己15岁的寡妇玛丽安求婚。这不是爱情，他看中的是寡妇的金钱。年过半百的玛丽安明白他的心思，请他等一年，她要考察他的品行。然后一年过去了，两人结婚了。

利用婚姻进行交易历来都不新鲜，然而，出乎所有人意料的是，这桩婚姻竟然被人称颂为世界上最美满的婚姻之一。

玛丽安既不年轻，也不漂亮。她学识浅薄，经常说错话，衣着古怪，不懂家务，似乎具备了女人所有的缺点。可有一样，她却是天才——她懂得如何呵护自己的婚姻。

每当狄斯瑞利从众议院匆匆回来，跟她述说白天所听到、所看的新闻时，她会微笑着倾听，并对他的想法或建议表示完全地支持。她支持自己的丈夫，是的，凡是他努力的事，她绝不相信会失败。

她从不让自己与丈夫的意见相反。每当与那些反应敏锐的人物交谈之后，筋疲力尽的狄斯瑞利回到家时，她会给他一个安静的休息，没有抱怨，没有盘问，只有静静休息的空间和相敬如宾的气氛。

狄斯瑞利觉得，与年长的太太生活在一起是他最愉快的时光。不知不觉中，她成了他的贤内助，他的亲信，他的顾问。有一天，狄斯瑞利对玛丽安坦诚自己的心迹：“你知道吗，当初我和你结婚，只是为了你的钱？”玛丽安笑着回答：“知道。但如果你再一次向我求婚，一定是因为爱我，对不对？”狄斯瑞利点头承认了。

这对夫妻共同度过了30年岁月。玛丽安认为，她的财产之所以有价值，是因为给了狄斯瑞利安逸的生活；而狄斯瑞利呢，则把玛丽安看作心中的英雄，并请女皇封授她为贵族。

故事中玛丽安似乎没什么优点，既不年轻又不漂亮，可她却牢牢抓住了狄斯瑞利的心，因为她善于倾听，从不抱怨，本身就是一个幸福的女人。

幸福的女人不抱怨，抱怨不如修炼，抱怨不如改变。女人不抱怨，悦人又悦己；女人不抱怨，心宽路也宽。善待自己，给自己的内心注入欢喜的力量，让幸福飞扬起来吧。

6.傻女人才会不给男人面子

虽然男人较女人豁达，但男人也远比女人爱要面子。有些女人喜欢把男人在大庭广众之下对自己的言听计从当作显摆男人爱自己的一种方式，殊不知大家这时只是在看一个家庭的笑话，不但嘲笑男人没本事，更加嘲笑女人没素质。

人生一世，脸面是很重要的，男人更是如此。在大多数男人眼里，尊严胜过一切，什么都可以不要，但尊严却不能丢。粗枝大叶、不拘小节、宽容大量……这是女人甚至整个社会给男人的要求。但其实他们的内心没有那么坚强，他们要在外面拼命打拼，更加在意外界对他的看法。对于爱情里的男女来说，如果女人学会了给男人留面子，那会让爱情锦上添花；对于婚姻中的男女来说，如果女人学会时时处处给男人尊严和面子，那么婚姻便会坚如磐石。

一天，大德子在巷子口跟街坊邻居们吹牛，说自己在家里说一不二，是绝对的一把手，媳妇对自己言听计从，让她抬头绝不敢低首，让她往东不敢往西，他还比喻说："在家里，她老实得和猫似的！我是老虎！"

他正说得津津有味，这时有人拍他的肩膀。扭头一看，不知道什么时候，他的媳妇爱芬已经神不知鬼不觉地来到他身后。只见爱芬怒目圆睁，厉声问道："你刚才说什么？你是老虎！那我是什么？"一向惧内的大德子十分难堪，讷讷地说：

“我是老虎，你是武松啊！”爱芬满意了，说：“这还算人话！”在场的人顿时哄堂大笑起来。刚才还言之凿凿媳妇如何听话的大德子已经是满脸窘色了，脸羞得像一块红布似的。

现在似乎流行“妻管严”，这个原本也没有什么。因为在一个家庭内部，夫妻之间谁大谁小，谁听谁的话，只要两个人没意见，自然无伤大雅。有的丈夫在自己家中，就愿做“妻管严”，这样什么也不用操心，反而乐得自在。

可是，没有一个男人甘愿在大庭广众面前做“妻管严”，更没有一个男人愿意在别人面前说自己在家里是受制于人的。即使那些在家庭中毫无地位的男人，站在他人面前也要充当男子汉。他的目的很简单，无非就是满足自己自尊心的需要。哪怕事后自己进门就要低头，就要跪搓板，但进门之前的这点男子汉的自尊是少不了的，也是触犯不得的。

试想一下，上文中的男人在交际场上还有什么威风可言？事实上，那位威风的妻子当众蔑视丈夫的做法更非上策，她在无形之中干了一件愚蠢至极的事情。一个聪明的妻子绝不会这样做的。她们懂得适时地给丈夫一点面子，这种分寸是一种艺术。

夏天就要过去了，天气开始转凉，小洁打算把家里的铝合金窗户换成塑钢的，既洁净又保暖。她的丈夫张元欣然同意，还大包大揽地说：“我有个铁哥们儿是做室内装潢的，活交给他肯定能拿个好折扣，省下不少钱。”

小洁笑而不语，这年头流行杀熟，往往越是熟人，越是宰你没商量，而且挨了宰连吭声都不能。但小洁没有立刻反对丈夫的意见，而是自己到街上找了家承揽此项业务的小店，然后去五金市场看材料、谈价格、比性能。等她掌握了全部的前期资料后，才赶回家，打算跟丈夫汇报后一起商量。

不料小洁一回到家，发现家里已经动工了。张元眉飞色舞地迎上来说："我给朋友一说这件事，朋友就马上把工人派来了，还在价格上每平方米优惠了五十块钱呢。怎么样，我办事效率高吧！价格够便宜的吧！"

小洁飞快地计算了一下。算来算去，这个朋友给的价格比街上的小店还要贵，整个换下来，要贵七百多块钱。丈夫是被骗了。小洁想去找那个朋友理论一番，后来转念一想：丈夫的面子总比这几百块钱重要吧。于是，她调整好思路就对张元说："老公，你太棒了。还是你能干，一出马就省了这么多钱……"几句好话哄得张元心花怒放。

小洁的做法很聪明。因为她知道，丈夫之所以爱出头、好面子，并不是人品有问题，而是想履行更多的家庭责任，向家人证明他的实力。做妻子的一定要体恤丈夫的这种苦心，成全他的一番美意。对于他偶尔头脑发热、大包大揽导致的一些判断性失误，也不用急躁，留到以后找个合适的时机告知他，再让他慢慢反省吧。在当下的关键时刻，还是顾全他的面子为先。

其实，即使你真的对他的工作和能力不满时，也用不着直接训斥，换一种说法就会好很多。例如，可以把“你看某某的丈夫做得多好，你看看你？”换成“我感觉你试试会比他做得更好。”还有，如果你不想让他做某事，可以把“你不学好！”换成“那多有失你的身份”“那样的事我丈夫怎么会做？你不是那样的人，那种恶习你不会沾的”等。

总之，聪明的妻子要时时处处维护丈夫的尊严和面子，让自己的丈夫挺直腰板，做一个大气的男人，这样自己的家庭才会更幸福。

7.单方付出很可怕，爱他也要让他爱自己

单纯的女人结了婚，往往把一颗心交给一个男人，她极容易毫不保留地将自己的全部柔情奉献出来，沉醉在爱情的甜蜜中不能自拔。女人的幸福把自己给淹没了，她的爱也把男人给淹没了。在这种包含着母爱成分的柔情的包围下，男人真的就退化成了一个不懂事的孩子，脾气粗暴，不讲道理，这是女人们始料未及的。

壶里的水热不热，只和炉里的煤存得足不足、火燃得旺不旺有关系，只要煤足火旺，时间越长越会是一种有效的催热剂。当然，还在于烧水的人是否用心在烧这壶浪漫的水。

对于相爱的男女来说，激情飞越之后的婚姻变得质朴是常有的事。人们常常以“平淡是真”为借口，回避对感情的麻木和粗糙，却不明白，如果我们像习惯忽略爱情那样，习惯去经营爱情，爱情就绝对不会冷却了。否则，只是一味地付出，就会宠坏对方，让丈夫觉得你的爱是理所当然的。

爱情到底不是亲情，可以接受得那么理所当然。即使是亲情，尚且是“养儿防老”，是需要回报的。爱情呢？也不可能是一个人的独角戏。当丈夫开始对你颐指气使时，当你尽心尽力地付出连一句感谢甚至一个微笑都换不来时，相信你的心里一定不会再有甜蜜。婚姻也好，爱情也罢，总是相互计较谁付出得更多当然不能长久，但也不能总是一个人默默付出，所有的感情必须是以平等为前提的。即使是做个专职太太，也别让他对你的爱视而不见，这样的感情同样不会长久。

最重要的就是，女人要明白，爱是一种能力，长久不用就会作废。你在付出真爱的同时，还得有意识地培养他爱你的习惯。在你疲惫的时候，让他给你冲杯茶，让他知道你也很辛苦；在你生病的时候，让他陪你去医院，让他知道你在承受着病痛，也需要人照顾；选择他空闲的时候，让他和你一起打扫房间，或者做做饭，让他理解和体会你的辛苦。总之，你要让他养成关心你、体贴你的习惯和意识。

生活中，常听女人这样抱怨：“我家的那位太懒了，什么都不做，结婚这么长时间，厨房里的油盐酱醋放哪儿都不知道”，“我家那位太自私了！我生病了，他都不知道给我弄点儿药，晚上还和朋友出去玩到半夜才回来。嫁给他，我算倒了八辈子的霉了”。

这些满腹牢骚的女人不知道，男人不好，并不都是他们的错，许多时候是你把他宠坏了，是你从来都不懂得“索取”爱。你爱他，也要让他爱你，婚姻毕竟和恋爱是不一样的。

爱可以排斥理性，但生活一定要有理性。女人的爱最容易忘我，迷失自己。清醒一点儿吧，千万不要一边抱怨丈夫，一边又娇惯丈夫。把握住爱的尺寸，做一个能驾驭自己感情烈马的好骑手，才能在温馨的感情世界里尽享做女人的快乐甜蜜，才能赢得丈夫的百般宠爱。

小贴士：婚后增进亲密感的12条法则

有一种女人，不管她嫁的是建筑工人还是国会议员，她都有能力让自己过得幸福。没错，女人的幸福，为什么要靠男人给呢？

每个女人，都应该有让自己、让家庭幸福的能力。接下来，我们介绍12种婚后增进亲密感的秘密法则，能有效地提升你的婚姻幸福指数。

1.少点争吵，多点沟通。

在发生争执的时候，千万要避免过激的言语和举动，试着把问题冷处理，等双方都心平气和的时候再慢慢地沟通。

2.少擅自做主，多商量。

不管多大的事，和他商量过了再做，让他感觉到自己的重要性，从而增加他对这个家的责任感。

3.少吩咐，多动手。

当你要求他做某样事，他却无动于衷、故意不睬的时候，千万别发火。自己动手去做，做完了再和他理论。

4.少使小性子。

无论你曾经是多么的蛮横，但在他面前可千万不要。有错要承认，无错也要让三分。妈妈的话是最好的忠告：“在家你永远是孩子，到婆家就是大人了！”

5.千万要避嫌。

千万不要去印证“身正不怕影子歪”这句真理，因为人家不听你这一套，与异性保持适当距离，这很重要！

6.每个人都是一个孩子。

每个人都是从孩子成长起来的，多少保持点童心，当遇到矛盾时，记住：哄比吵更有效！

7.少批评，多鼓励。

有人说：要做到无视他的缺点。当然，对于无伤大雅的缺点这话管用，但遇到一些致命的缺点就需要你去细心的、适时地指出来，先让他承认你的观点，然后让他心甘情愿地去改变，当他有一点点进步时，一定要给予鼓励。

8.多留点时间给他。

每天留点时间，推掉所有的应酬，关掉手机，忘记工作上的不愉快，陪他一起做家务，聊天，看电视。

9.惊喜，感动他。

适时地制造点浪漫，这对维持婚姻的新鲜度很有效。

10.多关心他的家人。

全心地去爱他的家人，要对他们比自己的家人还要好。因为你在家里可以随意地使小性子，而你的家人绝对不会怨你，而在他家就不行了。他的眼睛也在无时无刻地看着你呢，对他的家人好比对他好更重要！

11.孩子是幸福生活的润滑剂。

发生矛盾的时候，千万别拿孩子撒气。无论你们之间刚刚怎样的大战过，留个笑脸给孩子，共同去陪陪孩子，共同关心一下孩子的成长，这会化解你们之间的矛盾。

12.多记着他的好，少计较他的错。

夫妻双方因为婚姻而在一起生活，有道是“金无足赤，人无完人”，即便是昔日让你魂牵梦绕的“白马王子”也是既有优点又有缺点的。尤其是在婚后，男人的缺点可能会随着时间日渐显露出来。这个时候，身为人妻需要做的是，学会感恩和包容，多记着他的好，少计较他的坏。当然，这里的“坏”，并不是涉及如婚外情之类的原则问题的。

第8课

爱是生命，但是关系有四季

主题：和解

婚姻不是一张彩票，即使输了也不能一撕了事。

——诺尔斯

永远不要以为，夫妻感情出现危机时跟你没有关系。夫妻间的感情就像坐过山车，有高峰，也有低谷，这意味着，无论眼下是好是坏，都只是暂时的。当婚姻出现危机时，双方都要努力解除危机。

1.你的爱比证明你的正确更重要

研究认为，在婚姻当中，是否让伴侣在性、浪漫以及情感方面感到满意的决定性因素有70%取决于夫妻之间感情的质量。

开始一段新的浪漫关系非常像买一辆新车，驾驭它更多地像纯粹的天赐之福。当你环顾四周时，你几乎很难看到它的所有方面。每一件事情操作起来、听起来和看起来都是非常棒的感觉。你可以很舒服、很轻松地开着车，也许好几个星期，也许好几个月，你陶醉于开车的感觉，直到第一次发生以下情况：有些东西坏了，你需要修理它。交通工具，像人际关系一样，需要修理来保持平稳运转。如果一辆车值得拥有，那么有时候你需要更换一些零部件，需要花费时间和精力来让它保持在最好的状态。但是有时候令人惊奇的是，机修工的一个小小差错会让整辆车报废。让你的车运转很重要，但更重要的是修理车，如果你不专注于定期伴随而来的磨损，你和你的配偶一定会发现你们处于两条平行线。

所以说，夫妻之间的争吵有多么频繁无关紧要，但夫妇双方需要做出努力来友好地解决争吵和修复关系是至关重要的。感情的修复可以采取许多种形式，但是所有形式的目标都是把争论转移到解决方案上。比如，作为妻子，可以向丈夫提出一种妥协的建议，也可以运用你的幽默来打破这种紧张状态。但无论哪种方式，主要的目的都是为了向丈夫传递这样一个信息：你关心他、尊重他。让他知道，你的爱比证明你的正确更重要。

那么，如何修复夫妻关系呢？

首先，必须认识到修复关系虽然不能解决你们之间的争执，却是一种超越对你配偶表达生气、愤恨和敌意的行动。

成功修复关系的首先得依靠你的自我意识。如果你被情绪逼到死角里，你就不可能改善你们之间的争论。争吵会把你对配偶的所有情绪都带出来，因此，在这个时候维护你的任何一种行为和情绪的观点都会成为一项真正的挑战。如果你发现自己的情绪是如此强烈以至于无法清晰思考时，最好的办法就是什么都不做。然后向你的配偶解释你失控了，需要一些时间冷静下来，让你的想法聚集到一起。

接下来，如果你足够沉着冷静且对情况有些看法，你可以启动修复关系中的下一个步骤。

运用你的社会意识技巧来把思想集中到以下想法上来：从你的配偶的角度来看事情会是什么样的。除非你充分地理解了你的配偶为什么会采取这些行动，否则你无法启动成功的修复关系。你必须让你的配偶了解，即使你不同意他的观点，你也正视图从他的角度来看待事情。对配偶的观点表示尊重，无论它们是对还是错——这是妥协的关键。

另外，成功修复关系的表现形式多种多样。为了成功地修复关系，你可能需要在许多次失败的尝试中获得知识来武装自己。准备好去尝试在一次争吵中进行多次修复关系，一次失败的修复尝试可能会引起受伤害的情绪和受伤的自我。当你的配偶对你想让事情变得更好的努力产生误会时，你需要克服你的不适并尽力去承受面临的痛苦。你这样做得越多，他就变得更有包容性，并会做同样的事情。你在同感和理解方面重复的意图将不会在一个充满爱心、有责任的配偶身上消失。

并且，在一起讨论修复关系也将有助于你们的关系。如果你能在下次争吵时谈谈你们的争论，很可能就是你们俩应当开始修复关系的时候。当你向你的配偶谈及修复关系时，你们发展了一种你们将在下次争吵期间都会运用的理解。即使你的配偶下次在两人之间的争吵中还很难做到修复关系，他也将很可能承认你的努力并认识到这是显示关心和让事情变得更好的尝试。

最后，使用你的情商技巧来讨论和修复争论。你必须在整个争吵过程中认识你自己和理解你的情绪。这意味着要有足够的自我意识以便认识到什么时候你能容忍愤怒并启动修复关系。你需要使用你的社会意识技巧来读懂另一个人。如果你能自始至终进行自我管理的话，争论将会变得更加平稳。修复关系不需要夫妻双方都要用情商行动，有时候只需要一方拥有自我管理的视角和启动修复关系。当另一方给予善意的反馈时，这种关系就建立起了一种来自情商的不可动摇的力量。

感情的修复意味着即使处于困境，也要表达爱和尊重，因为向对方表达自己的爱远比用争辩证明自己的观点正确更重要。

2.婚姻中最危险的时刻

一般来说，女性对于自己的婚姻和感情，心理过程基本上是平稳的。而男人在不同时期、不同环境中，感情却经历着一些波浪式的起伏。先让我们了解一下，在一个普通男人的一生里，他会怎样看待自己的妻子呢？

恋爱时，她是世界上最好的、最配我的姑娘。我一定要娶她。

结婚第一年，我媳妇还不错，虽然有些小毛病，偶尔耍点儿小孩子脾气，但称得上贤内助。

结婚第五年，她越来越蛮不讲理，是一个俗不可耐的女人。

结婚第十年，我怎么会娶她？她是世界上最丑、最不讲道理、最不近人情的女人！

结婚第二十年，除去脾气太糟糕，勉强还可以接受她。

结婚第三十年，她明白事理，懂感情，会料理生活。

结婚第四十年，老伴持家有方，在外面独当一面，真不错，来世一定还要娶她！

她去世了，我失去了世界上最好的女人，从此我不会再快乐了。

情感专家发现，男人的感情曲线是从一个完美的高起点开始，慢慢跌入谷底的，而当妻子让他感到厌烦到极点时，又苦尽甘来，感情开始回升。

正所谓“少年夫妻老来伴”，彼此完全适应之后，爱情就拥有了一种恒定的温度。而男人的外遇，家庭的破裂，最容易发生在感情薄弱的时期，即婚后十年左右的低潮期。如果这时再遭遇一些波折或意外的变化，婚姻的稳固性肯定会大大地降低。因此，聪明的妻子在几个关键时刻，应当未雨绸缪，做好预防措施，不能掉以轻心。

妻子怀孕前后

因为这个时期，妻子往往自顾不暇，所以一些玩性未泯的丈夫便容易烦躁不安，悄悄向其他异性找安慰。为此，怀孕期间的妻子要尽量保持自身的吸引力，努力克制自身的情绪波动，尤其要运用好准母亲与准父亲这种角色的喜悦来增进夫妻双方的感情。

分居以后

如果是因为矛盾冲突而人为地分居，应采取解决问题的态度冷静对待，不要一味地赌气。因为赌气只能让人疯狂，容易造成外遇。而且这种分居只能是偶尔为之，并应该定一个短时间为限。否则，一旦分居成了习惯，分手就很容易成为事实了。至于因工作等原因被迫分居两地的夫妻，保持密切的联系是必不可少的。现代联络的手段多种多样，电话、电子邮件、书信等都可以综合运用，织起感情的天罗地网。当然，在节日或一些特别的日子（如生日、结婚纪念日），夫妻俩最好能安排时间相聚。

工作发生不良变化时

如夫妻一方工作受挫、下岗等。我们每个人都需要在工作中寻找立身处世的支点与快乐，一旦面临失意、失业的处境，就难免心情沉重，茫然若失。如果这时得不到配偶强有力的关怀与支持，就很容易使感情从家庭中分离。

地位发生重大改变时

如丈夫发了财，升了官。所谓饱暖思淫欲，这一点是不言而喻的。对于丈夫的进步，妻子除了高兴之外，自身也会有压力感，要努力把压力变为动力，不断寻求进步。新时代的女性千万不能持“夫贵妻荣”的老调子，因为这只能令你不思进取、坐享其成。一旦丈夫觉得你赶不上他的步伐时，他可能就自个儿跑掉了。

家庭发生巨大变故时

曾经有这么一个例子，一对夫妻本来恩爱有加，没想到年幼的女儿突然因病夭折。巨大的悲痛之下，妻子整天埋怨丈夫没有照顾好女儿，使得丈夫不堪折磨，只好外出逃避，逐渐喝酒、赌博、夜不归宿，直至有了婚外情，弃家而去。

因此，当类似的情况发生时，一味地埋怨、指责、愤恨都是于事无补的，只有夫妻俩共同进退，采取平和、积极的心态才能面对不幸。这一点对于比较情绪化的妻子，尤其值得注意。

与婆家矛盾深重，令丈夫无所适从时

婆媳不和经常会累及婚姻，这对于丈夫来说，是一个颇棘手的难题。当他无法处理的时候，难免自暴自弃，产生独自逃离的念头。

我们要知道，所谓“变心”，看起来是一个突然的意外，实际上是一个渐变的过程。当你愤怒自己为什么会遇人不淑时，你也要学会反思，是不是自己的婚姻有了漏洞才让人有机可乘？是不是因为围城里已繁华不再，城内人才转去欣赏城外的风景？如果你在男人最容易生长花心的时候，不给它适宜的土壤和温度，它就很少有“变”的可能了。

3.攻克危机，重享美满婚姻

夫妻间的感情就像坐过山车，有高峰，也有低谷，这意味着，无论眼下是好是坏，都只是暂时的。当婚姻出现危机时，双方都要努力解除危机。一般而言，可以从下面几个方面努力。

（1）婚后夫妻双方保持适当的距离。

结婚之后，夫妻间也应该保持一种恰当的距离。莎士比亚有句名言：“最甜的蜜糖，可以使味觉麻木；不太热烈的爱情，才能维持久远。”“不太热烈”，就是说在亲密的同时，要保持一定的距离，即亲密有间。一对天天厮守在一起的夫妻，重复着同一套生活模式，时间长了，难免生出厌倦乏味的感觉。正如俄国哲学家赫尔岑所说：“人们在一起生活太密切，彼此之间太亲近，就会看得太仔细、太露骨，于是不知不觉地、一瓣一瓣地摘去那些用娇媚和诗歌簇拥着个性所组成的花环上的所有花朵。”因此，适当的分别有利于保持夫妻间的新鲜感和神秘感，难怪我国自古就有“小别胜新婚”的说法。现在，有专家提倡夫妻分床睡觉，这样既有利于休息，又会使夫妻双方保持各自的魅力，让爱情在不冷不热、若即若离中久远维持；而同时，国外的一些专家也发表自己的观点，认为周末夫妻（即每周见一次面的夫妻）感情最好，关系最稳定。

其实对于大多数夫妻来讲，要保持距离并不难，难的往往是要保持多大的距离，这一点很难确定。我们说的距离，是心理上的距离，就是让夫妻保持各自个性上的闪光点，各自保留一块自由活动的心灵绿地，谁也不要试图挖空心思地去改造对方，而是要设法去适应对方，让对方保持独特的个性、独立的人格和适度的自由的生活圈。

当然，这个夫妻间应保持的距离也不应太远。究竟保持在什么样的程度呢？有个作家这样说："当我痛苦或迷惘时，不要让我牵不到你的手。"就是说离开他一点距离，但千万别远到隔阂的程度。

（2）婚姻不需要沉默。

结婚前，男女双方经常有说不完的话，时时刻刻在一起都觉得不够，但当结婚组成家庭后，夫妻之间不知不觉变得没话可说了，亲密的话变得越来越少了，"饭做好了吗？""孩子衣服脏了！""该睡觉了。"诸如此类，语言似乎简练到令人吃惊的地步。

在幸福的婚姻中，夫妻间的情话是不能少的。情话会产生奇妙的动力，经常说情话可以增强夫妻沟通，不时开一个玩笑，或说句笑话，气氛一下子就活跃起来了；说一句温柔体贴的话，表示一下亲热，立即唤起对方心底的春潮；争论不休的问题，往往因一句甜蜜的情话和温柔的爱抚而得以解决；处于冷战中的夫妻也不妨试一试，一句抱歉和亲切的抚慰，就能化解对方的怨气，使对方和自己都感到幸福！生活从此变得可爱起来。

（3）面对矛盾首先要容忍。

天下没有不吵架的夫妻，婚姻生活不可能每天都美好如初，尤其到了一定年限的婚姻，彼此在一起待得时间久了，都不愿意再刻意掩饰缺点，吵架就开始成了家常便饭。

夫妻矛盾是很平常的，但处理时一定不要“气壮山河”，要在矛盾没有激化前先忍耐一下，因此吵架刚开始时，一定要有一方忍耐，没有耐心就不会有幸福的婚姻生活。要知道，许多矛盾都自会化解，生活也会变得更加意味深长。

（4）委婉表达自己的意思。

委婉是一种奇效黏合剂，意味着依赖他人，尊重他人的感受，是以坦诚开放的沟通来对待对方的方式。委婉有三大要素：一是信赖与诚恳；二是注意到或意识到他人的感觉，并且给予相当的重视；三是不去利用对方，不占对方便宜，而是关怀与体贴对方。

在夫妻生活中怎样做到委婉相待呢？一是说话不要粗声粗气；二是态度要诚恳；三是表达时，不要刻意掩饰感情本身；四是遵循“己所不欲，勿施于人”的原则。你想要求别人如何对你说话，你就应如何对别人说话。同时要注意，委婉也不等于夸张地认错。我们在夫妻争论中，常常可以听到一方说：“算啦算啦，都是我一个人的错！”这种不分是非其实不是委婉，而是一种圆滑的态度，这种态度并不能根本性地改善夫妻之间的关系。

另外，夫妻间的任何一方在做出某一要求或决定时，最好能解释原因，好让对方明白自己的心意，避免发生误会或不愉快的事情。

4.及时拉住冷战的缰绳

现代夫妻之间，冷战是经常发生的。冷战是婚姻的一大杀手，对于双方的感情非常有杀伤力。遇到冷战进行时，聪明人是怎么做的呢？

不要急躁

当你不知对方沉默的原因时，一定要冷静，先分清对方的沉默是有意为之，还是出于无心，切忌不问青红皂白就大发脾气，迫使对方开口还击。我们知道，沉默的背后往往隐藏着愤怒的情绪，急躁只会火上浇油，这时应耐心疏导，而不能操之过急，激化矛盾。

不要用沉默对付沉默

如果一方沉默，另一方也用沉默作为反击，那是一种相当恶劣的沟通方式。我们应当主动地和对方讨论如何解决有关问题，注意态度要诚恳，措辞要委婉。

不要逼对方说话

当对方沉默时，逼他说话会造成他更沉默或发脾气。其实，你不妨开诚布公地向他说："我不知道自己做了什么错事，让你不愿意和我说话。"

不要甩手了之

有时对方也想打破沉默，却缺乏勇气。如果这时你赌气拂袖而去，会使对方产生无助的感觉，加深沉默的程度，甚至会由于你的撤离而使共同苦心营建的爱之厦顷刻间瓦解。只有当对方要求独处一会儿时，你才可以暂时撤离。

转移注意力

当对方沉默时，你最好能用听音乐、看电视等娱乐形式来转移对方的注意力，减轻他的心理压力。等事过境迁，沉默的冰块也会随之融化。

尽可能多接近对方

如果容许的话，可以轻轻地、充满情爱地触摸对方。当你想同对方讲话时，就坐得靠近些，保持双方的目光接触。

说些好话给对方听

好话会使对方紧张的神经松弛下来。假如某人曾夸对方某个优点，你就把这话转告给对方。也许对方想听到更多有关这方面的话，还会提一两个问题，这样，你们双方就容易进行对话了。

避其锋芒

面对对方的攻击，应该采用避实就虚的方法，而不要正面迎头阻挡。如果对方说：“我都烦透你和孩子了。”你不妨采用柔和的语调应答：“是啊，这小家伙太顽皮，我们把他送走好吗？”你的反应让对方出乎意料之外，这时便容易跟对方对话了。

学对方的话

有时候你实在没招数了，不如机械一点。例如，你试图引对方说话，对方却嚷道：“烦死了！走开！”这时有没有其他办法？也有，那就是：重复对方说的最后几个字，然后反问：“让我走开，是吗？”对方可能会说：“没错，你就不能让我一个人清静清静吗？”你于是接着说：“你想清静清静，是吗？”这样设法让对方多说话，话不间断，对方就同你对话了。不过，你在说话时，一定要充满情意，并且有耐心。

多做自我分析

冷战的时候，你应细细回想一下两人之间的争论。也许你们双方都有一些道理。不要指望对方会单方面欣然地接受你的看法，除非你也愿意听取对方的意见。因此，你要多做自我分析，多听取对方的意见，才会打破沉闷的气氛。

以上十条定律可以帮助你安全度过冷战期。不过，无论怎么说，夫妻间的沟通都是最重要的。有的事你不说，对方永远也不会知道。你生气，你不理他，你哭，都只会让对方觉得你无理取闹。你以为他能明白，你以为他能理解，但是在他眼里，只会觉得不知所谓。

5.亲爱的，制定吵架公约吧

夫妻过日子难免磕磕碰碰的。牙齿和舌头还打架呢，何况是两个有思想、有情绪的人？所以夫妻之间的怄气、吵架是在所难免的，再恩爱的夫妻也会吵架。相反，那些平常不吵也不闹的夫妻可能并不长久，在这里可以借用鲁迅先生的一句话——“不在沉默中爆发，就在沉默中灭亡”。

袁先生已经成家十多年了，他说：“我们夫妻两个只要有一段时间不吵架就不行，因为几乎所有的问题，我们都是通过吵架来解决的。吵架时，你就可以把平时的不满、痛苦说出来，这样两人就可以一起去面对、去解决。如果哪一天我们不吵架了，那就说明我们都不再在乎对方了——要是连吵架的激情都没有了，这日子还怎么过下去啊！”

袁先生的话虽然有点偏激，却不乏道理。是啊，夫妻之间如果连架都懒得吵了，这样的日子还能继续吗？所以，两口子偶尔吵吵架，不仅不会伤害感情，反而有利于发泄彼此的不满，甚至还可以增进双方之间的亲昵感，这就是我们所说的

“欢喜冤家”！

情感专家说，争吵是夫妻生活中的一把盐，没有它的话，婚姻便会失去许多滋味和乐趣。民间也有“不争不吵不亲热，争争吵吵到白头”的谚语。问题是，如何将这把盐放得不多不少，恰到时候和恰到好处？这是一门很深奥的学问，直接关系和影响到婚姻质量和家庭幸福。要知道，盐放多了，整天争吵不休也会使人厌倦，甚至有家庭破裂、夫妻双方分道扬镳的危险。

所以，吵架也要讲究技巧。或者说，为了不影响婚姻的质量，我们要学会吵架的“艺术”。其实，夫妻间争吵的事情大多鸡毛蒜皮、微不足道，然而婚姻里面无小事，任何一件小事都可能成为下一次吵架的导火线。那么，我们该怎么理智处理婚姻生活中挥之不去的、必然的吵架事件，从而让每一次的吵架非但不会伤感情，反而能给婚姻生活“锦上添花”呢？

首先，务必谨记，不要在吵架时轻易提出“离婚”两字，这最值得注意的一点！因为这两个字太伤人心，分量太重了。一旦说着说着，万一哪天它就变成真的了，那想收回都来不及。

小王和小刘都是急性子，结婚后经常吵架，一吵架就开始叫嚣：“这日子没法过了，离婚！”“离就离！明天民政局见，谁怕谁？”两人就这样吵了好，好了吵。因为每次吵架必定提到离婚，果然结婚还不到一年，在某次的气急败坏之下，曾经恩恩爱爱的小两口就真的“离婚”了！

因为“谁怕谁？”如果一方拼命不离婚，那多没有面子啊，能咽得下这口“恶气”吗？所以最后，真的离婚了。其实，只要当时有一方能够低下头来，就不会出现这样的结局。可惜的是，他们都说顺了嘴，想反悔都来不及了！

其次，吵架以后，女人不能动不动就离家出走或者回娘家。俗话说得好，“夫妻没有隔夜仇”，“床头吵架床尾和”。夫妻之间的吵架大都是为了一些琐碎的小事，过了一定时间，问题就能自行分解、消化的。然而，一旦你离家出走或者回娘家了，就等于把那些小问题带出了家门，当亲朋好友介入其中，它就会马上扩大化、复杂化！而且，介入的人越多，问题就会变得越复杂，越难以收场！尤其是那些一吵架就回娘家的女人，她们的做法会让男人很为难：去接回妻子吧，又怕在丈母娘家吃闭门羹。娘家人总是为女儿着想，以为女儿受了委屈，从而为难女婿。不去接回妻子吧，自己的媳妇不在家里总不是回事儿，旁人难免说三道四的，而且，这样的事情一旦发生在过年过节就更加棘手！

有一对夫妻每次吵架后，妻子都跑回娘家，让丈夫进退维谷，所以每次的过节对他来说，都是“过劫”，是一次次的劫难……最后他们不得不离婚了！因为丈夫实在受不了妻子家人一次次的为难与数落！

俗话说，“清官难断家务事”“解铃还须系铃人”。夫妻之间的事情最终要靠双方自己去解决，除非矛盾的性质已发生

其实每一对夫妻之间，都拥有一些外人不知道的回忆。很多时候，一个关爱的细节，一个默契的瞬间，都会给我们留下美好的回忆。这种回忆，就是以后漫长婚姻生活中的明亮色块，可以随时唤醒我们心底隐藏着的柔情。

当你和丈夫你一言我一语地收集这些记忆的碎片时，那些少年时代的活力和热情仿佛在今天都苏醒了。这时，再看那个朝夕相处的人，也顿时觉得比平时可爱得多，亲切得多。

为什么男人们总觉得家里的妻子闷，外面的女人好？其中很重要的一条是，家里的妻子跟他们谈柴米油盐，外面的女人跟他们谈风花雪月。所以，聪明的主妇们在吃喝拉撒睡的生活之余，也要找到一些让丈夫感动的细节，而正因为曾经有过的这些美好记忆，两个人才更有信心互相陪伴着往前走，获得幸福美满的人生。

小贴士：为什么男人容易感情出轨?

男人为什么会出轨？其实，男人并不是天性不忠的动物，男人的出轨，用美国著名杂志《柯梦波丹》两位资深的文字编辑黛安·芭柔妮和贝蒂·凯丽的话说：“实在有太多的难言之隐！”为此，她们在合著的《把你爱的男人找回来》一书中从9个方面详尽分析了男人感情出轨的原因，这些原因包括：

1.想证明自己魅力依旧。

男人在40~50岁之间有一段叛逆期，这就是所谓的“中年危机”，在这个时间段，男人开始质疑生命，抗拒老化。特别是那些工作勤奋的男人，他们总觉得自己错过了人生中最好的年华。仿佛从来没有享受过生命的乐趣，而他们真正热爱的正是这些——及时行乐。于是，看到年轻的女孩子，他们就想要重新来过。

2.一时心血来潮。

你说他只是因为凑巧跟哪个女人一起去开会，就跟她上床了。没错，这种事情发生的频率远比大部分女人想象的还多。

对许多男人而言，一夜风流并不是什么了不起的事，这跟他们对妻子的感情也毫无关系。虽然这实在令人难以面对，不过却是实情。只想摆脱枯燥的生活。当男人感觉生活变得千篇一律、一成不变时，深锁在无聊与寂寞中的他就会开始渴求改变，跃跃欲试寻求冒险。这些男人不是去外面寻找婚姻中欠缺的任何事物，而仅仅只是为了玩一玩，用以调剂他们平凡的生活。

3.逃避压力。

已婚男人在承受不住现实的压力时常常会坠入情网。坠入情网只是为了避免处理人生中的某些问题，因为恋爱就像暂时丧失理智。

4.对亲密的恐慌。

有的男人对真正的亲密关系感到不舒服，因此戏剧化、悬疑、双重生活的刺激对他而言，十分具有吸引力。这种男人通常来自男女角色划分清楚的家庭——父亲是家庭经济的供应者，母亲则是家庭主妇，而且他们的感情不是太亲密。

5.对人生失去热情。

心理学家指出，对人生失去热情，沮丧会使男人的内心感觉无助、无能，无法做任何事情。因此最简单的解决方法是找一个善解人意的性感女人——逃离令男人沮丧的现实环境。

6.存心报复。

男人若是怀疑女人对自己不忠又无法原谅她，炫耀自己的风流艳史和报复女人也就成了怒气冲天的男人难以打消的念头。

7.给性爱增加一份激情。

性生活在婚姻中往往会被淹没在日常琐事中的夫妻忽略，被排到比较不重要的位置。当男人需要更多的性生活又在家里满足不了时，外遇也就成了一种寻欢作乐的新尝试。

8.你不够关心他。

也许你已经太习惯你的男人的存在了，就好像后院里那棵老橡树一样，几乎忘了他也是个脆弱的人，他需要陪伴，需要赞美，需要安慰。如果在家里找不到这些，他就有可能绕开对他“视若无睹”的你，到外面去找其他女人。

9.天生多情。

还有可能你的男人天生就是个风流种子，把精力都集中在拈花惹草的越轨行为上。这里说的不是在紧张和压力之下，偶尔越轨的男人。在偶尔地和习惯性地以“性”行为来回避责任的男人之间，存在着本质性的差别。这些男人严重地伤害他人或自己，令他们的妻子忍无可忍。

可以说，这些人在不同程度上具有重大的心理障碍，必须接受详细的心理学和精神科的检查。他们的心理特征是：

——缺乏强化自尊的手段。他们对自尊的丧失又特别敏感。

——他们是追求尽善尽美的人，为自己设置了很不现实的标准。

——他们对自己所过的生活具有极强的激进的价值判断观

念，所以哪怕是很小的挫折，也会使他们感到极大的痛苦。

——当情绪不安时，他们趋于放荡不羁，而不是通过平静地检查他们自身和他们所处的形势，来缓解他们的心理骚动。

——他们可能表现出一种非常现实和严重的儿童期的问题。

——由于他们中的许多人对他们的危险的、破坏性的行为的严重性缺乏任何认识，所以他们会把情形进一步搞糟。这些男人有的也不是道德败坏、专门玩弄女人感情之徒。后者往往具有容易让女人上钩的条件：有权有势、有钱、相貌出众、有专长、善于言辞等。也许，他们并不具有上述的心理障碍，但他们更加工于心计。对后者应强烈地谴责和惩处，而对那些具有心理障碍的男人，则应给予更多的帮助和治疗。

后记

没有最好的婚姻，只有最适合你的婚姻

前些天在网络上看到一个人的签名，上面写着：

婚姻很简单，男人心宽，女人心善，一儿一女一只狗，足矣。

对此深有同感。

说多了爱情，回头再看婚姻时，会觉得它有些枯燥无味。尽管从小就听大人们感慨婚姻是爱情的坟墓，自己还是奋不顾身地跳进了这个坟墓，并过得有滋有味。

一百个人有一百种活法，一百个人的婚姻也有一百种模式，无论是不是幸福的，都如同百味人生一样，有着百样婚姻。

我一直认为，婚姻里无论男女都应该有自己热爱的事业和工作，这样大家都有属于自己的圈子，生活的重心不仅仅是在婚姻生活中。

不能生硬地规定婚姻和工作之间的比例，但每个人都应该

有自己的社交圈子。这个社交圈，不是你能说几句最新的网络语言，聊几个最热点的新闻就可以的，而是一个完完全全属于自己，有着完整元素的小世界。

你有同事有朋友，有工作有业余生活，有正确的世界观和价值观，有与时俱进的精神和接收能力。当你面对困难时，你不是孤助无援的，你可以寻求帮助的人也不仅仅只是你的配偶，你有面对一切困难时保持气定神闲的资本，更有解决困难寻找出路的决心和能力。

那么，事业和工作是否仅限于一份真正的工作呢，这又不能一概而论。

十年前，我的朋友爱家女士做出辞职回家当全职太太的决定时，所有人都为之惊愕。阻拦的人很多，包括我。在我们看来，有一份稳定的工作才能体现她的能力，至少在夫妻之间有了争执时，你还能有辩驳的基础。否则，成为一个只能伸手向老公要钱的女人，会很惨。

爱家女士对此很淡定，她坚持辞职回家做了全职太太。当她真正成了全职太太后，我们才知道我们对全职太太的理解过于狭隘。爱家女士辞职后，除去照顾老公儿子、料理家务，有了更多的时间和精力去学习投资。这些年来，她在股市、房市两边都有小赚，所得远远大于她工作时所得的收入。

爱家女士并没有像我们当初设想的那样，因为没有正式工作而脱离社会。她做全职太太的时候，不但照顾了家里，还开辟了自己的小天地，两全其美。

如今，爱家女士做全职太太已经十年有余。她的生活简单而幸福。

一般来说，婚姻是一个整体，但同时夫妻又是两个独立的个体。孩子，是纽带。作为个体，他们都应该有着自己的世界，但为了家庭这个整体，他们又彼此依靠，彼此信任。

过日子时，夫妻难免有矛盾，家庭生活中总会有磕磕碰碰，只要男人心宽懂得包容，女人心善心存仁慈，矛盾就不会被激化。

爱动小姐嫁给爱静先生后，才发现原来婚姻生活不像恋爱那样甜蜜。尘埃落定之后，太多生活琐事摆在眼前，她试图恢复到单身生活时的那种状态，回到在云端上生活的感觉。

新婚第一年是磨合期，婚姻生活也少不了争吵与摩擦。很多次爱动小姐都在后悔自己太早嫁人，不能随心所欲地生活。爱静先生也偶尔会懊恼当初没有看清楚爱动小姐的本性，没有发现她并不适合婚姻生活。

一年后，我看见爱动小姐拎着菜篮子在菜市场熟练地挑拣青菜，我问她是否还想再过到云端上的生活。爱动小姐羞涩一笑，说爱静先生答应过她，每个月过一天云端生活，剩下的时间过正常生活。

世界上没有完美婚姻，因为谁也无法界定完美婚姻是什么样的。当事人感觉到幸福了，那么婚姻就是完美的，哪怕有一点点小瑕疵，也不能就此断定这段婚姻不完美。

我一直追求的婚姻，似流水。它不需要瀑布的惊险，更不要高空坠落的恐惧，不需要洪水的激情，更不要那股淹没世界的冲动。每天一起上班，分别下班，陆续到家，一起吃饭。可以为儿女的教育吵上两句，可以把换窗帘看成一件大事，可以把一日三餐当成隆重的盛宴，也可以习惯性的空虚，找个地方放松放松，但回到家后，你还是你原来的样子。

这样的婚姻不是说出来的，是守出来的。相守才能相爱，相爱才会愿意相守。只有有责任感并且敢于担当的人，才懂得相守的内涵。

百样人生，百种婚姻，没有最好的婚姻，只有最适合你的婚姻。